ULLA JANASCHECK

Erlebnisraum Astrologie

Ulla Janascheck

Erlebnisraum Astrologie

Mit Fantasie durch den Tierkreis reisen

Chiron Verlag

Druck: WB Druck, Rieden
Umschlag: Edgar Bayer
Foto: Bildagentur Mauritius

Bienvenu Jolanda

Zu beziehen über den Buchhandel oder direkt beim
Chiron Verlag, Postfach 1250, D-72002 Tübingen
www.chironverlag.com

ISBN 3-925100-61-X

gewidmet Tara,
der Mutter aller Wesen

Dir,
die ohne Form
alle Wesen erfüllt
Deren Körper
die Form aller Wesen
annehmen kann.

Deren Liebe
alle Wesen erfüllt
Deren Liebe
alle Wesen suchen
Deren Liebe
alle Wesen finden.

Dir,
im Raum
der Zeit enthoben
die wirkt
ohne Wirkungen
zu hinterlassen.

Dir,
die scheint
wie der volle Herbstmond
dessen Glanz
alle Wesen
berührt und erhellt.

Inhalt

Einführung

Wir leben. Jeder Mensch, der die Erde bewohnt, folgt dabei bestimmten Gesetzmäßigkeiten. Ein wichtiges Gesetz ist z.B. die Zeit oder auch das Erleben der Zeit. Hinterfragt man die Zeit, findet man schnell drei wichtige Unterteilungen: die Vergangenheit, die Gegenwart und die Zukunft. Dies nennt man auch das lineare Zeitempfinden, denn scheinbar lässt man etwas hinter sich, während man sich auf die Zukunft zu bewegt. Betrachten wir diesen Prozess genauer, kann wir jedoch feststellen, dass diese Wahrnehmung nicht unbedingt ausschließlich gilt. Wir sind ebenfalls eingebunden in zyklische Prozesse, Lebensthemen wiederholen sich, die Jahreszeiten wiederholen sich, geistige Prozesse entwickeln sich spiralförmig. Der Tierkreis ist ein Versuch, dieses zyklische Zeitgeschehen nachvollziehbar werden zu lassen.

Die zwölf Tierkreisenergien sind Abschnitte eines ganzen Kreises, einer ganzheitlichen Wirklichkeit. Sie verstehen sich als einzelne Schritte, als Themen, die während eines zyklischen Entwicklungsprozesses durchlaufen werden. Eine Energie entsteht aus der anderen, sodass sich alle zwölf Einzelabschnitte gegenseitig bedingen. Diese Sichtweise sollten wir nie aus den Augen verlieren. Erst dann bleiben wir frei von Bewertungen und Vorlieben. Es gibt keine Zwillinge ohne Stier oder Krebs usw. Auch die Namen der einzelnen Energien lassen sich im Grunde beliebig austauschen. Wir bewegen uns in der westlichen Astrologie traditionell in der Mythologie der griechischen Götterwelt. Es steht jedoch jedem Menschen frei, nachdem er die einzelnen Themen erfasst hat, seinen Tierkreis umzubenennen, vielleicht für ihn passendere Mythen zu finden. Warum sollte Widder immer Widder heißen und von diesem grantigen Kriegsgott Mars beherrscht sein? Widder kann genauso gut Feuerdrache genannt und von den Amazonen regiert werden. Wichtig ist nur, dass die neuen Namen das ursprüngliche Thema erhalten. Wir brauchen uns dabei nicht mit den alten Griechen und ihren politischen Problemen zu identifizieren, wenn wir die kosmische Wirkweise ihres Zeitplans studieren wollen. Es ist wichtig, dies zu begreifen: Jeder ist in seiner Wahrnehmung und seinem Erfassen des Universums *einzigartig*. Damit sich diese Einmaligkeit entfalten kann, braucht man eigentlich „nur" eins zu tun: alle Konzepte aufgeben und sich seiner inneren Wirklichkeit zu öffnen. Offenheit und Geschehenlassen sind der Schlüssel zur Weisheit.

In diesem Buch finden sich viele praktische Anregungen, um den Mondumlauf durch den Tierkreis kreativ zu nutzen, und so kann ein wertvolles Tagebuch entstehen, in dem das Unterbewusstsein bilderreich spricht.

Die einzelnen Fantasiereisen sind parallel zu der Arbeit mit Frauengruppen entstanden, sie sind sozusagen in einem zyklischen Prozess gereift. Ich habe versucht, die Themen der Tierkreisenergien so zu gestalten, dass sie persönlich erlebbar werden, ohne etwas „wissen" oder übernehmen zu müssen. Dadurch kann man seine innere Wirklichkeit erfahren und herausfinden, wo man in der jeweiligen Geschichte gefühlsmäßig steht. So entsteht Klarheit und das Geschenk ist, dass man konkret erfährt, was man braucht und was man ändern kann. Man wird zu seiner eigenen Freundin und kann in einem ganzheitlichen Prozess wachsen, ohne einen Schritt auszulassen oder zu überspringen. Die Bilder und Symbole, die sich aus dem Unterbewusstsein heraus in den Fantasiereisen offenbaren sind Ausdruck der persönlichen Kraft. Wenn man mit ihnen zu arbeiten lernt, d.h. sie für einen Zeitraum in Erinnerung behält und sich in den entsprechenden Lebenssituationen auf sie konzentriert, wird sich ihre heilende Wirkung entfalten und die alten Gewohnheiten verlieren allmählich ihre Macht.

Die Aborigines begreifen z.B. Beziehungen und Entwicklungen als Kreise. Eine gute Beziehung ist ein vollendeter Kreis, in dem man sich begegnet und auch wieder auf angemessene Weise verabschiedet. Lässt man solche vollendeten Kreise hinter sich, hat man seine Aufgabe gut erfüllt, denn es bleiben keine Reste, keine

Mangelerscheinungen in Form von Groll, Enttäuschung oder Ähnlichem übrig.

Störende Gefühle könnten auch nicht integrierte Teile des Selbst sein, die vom Bewusstsein einfach nicht in den Kreislauf miteinbezogen werden, weil sie mit Bewertungen behaftet sind. Sie wurden irgendwann einmal abgespalten und verhindern seitdem, dass sich die Kreise schließen können und wir vorankommen. Trotz allem finden sie ihre Entsprechung als Spiegel im Außen und immer wieder haben wir so die Möglichkeit, ihnen zu begegnen. Deshalb wird man auch „nichts los“, denn je stärker der Kampf gegen etwas, desto enger die Beziehung. Das, was wir für gewöhnlich loswerden wollen, verfolgt uns und erscheint öfter und öfter in wenig veränderter Gestalt. Denn dieses „Etwas“ möchte eigentlich integriert werden, zum Bewusstseinskreislauf dazugehören.

Fantasiereisen, Visualisationen, Träume und Meditationen sind geeignet, solche abgespaltenen Gefühle aufzuspüren, anzunehmen und umzuwandeln. Nur, wenn ich etwas kenne, kann ich es auch verwandeln. Ich kann im Laufe der Zeit meinen inneren Erlebnisraum so groß werden lassen, dass er für alles wertfreien Raum hat. Wenn ich lerne, meinen inneren Bildern ebenso viel Aufmerksamkeit zu schenken wie den Warnungen meines Verstandes, können sich karmische Muster verändern, denn die Bewertungen fallen langsam weg. Dadurch die Gefühle in Fluss, die wir brauchen, um bewusst zu werden. Gefühle sind die Nahrung des Geistes. Alles Wissen wird trocken und starr, wenn es nicht von gefühlten Erfahrungen begleitet wird.

Wir haben alle einen Körper, Gefühle und geistiges Herzensbewusstsein; zu diesen gesellt sich der Verstand, das dualistische Denken, das aufgrund seiner Bewertungen ein enges Raster für unseren Erlebnisraum herausgearbeitet hat. Während einer Fantasiereise, im entspannten, wertfreien Raum, kommt der Verstand zur Ruhe und die Gefühle können ihre Bilder entfalten. Aus diesem Fluss heraus entwickelt sich das Herzensbewusstsein, die wahre Mitte, die Weisheit, die aus dem Geschehenlassen-können resultiert.

Dieses Buch ist in der Du-Form geschrieben, nicht aus Respektlosigkeit, sondern weil sich die Anleitungen direkt auf das Unterbewusstsein beziehen. Die Anrede in der dritten Person würde eine zu große Distanz schaffen und es wäre dadurch wesentlich schwieriger, sich unbekümmert einzulassen. Das Unterbewusstsein scheint eine vertrauliche Atmosphäre zu bevorzugen, damit es seine Geheimnisse preisgibt!

Mondenergie - Seelenenergie

Mondenergie – die Kraft der Wünsche oder auch die Bildkräfte der Seele – ist unter astrologischen Gesichtspunkten das Seelenmaterial, das die inneren emotionalen Zustände bewegt. Ein inneres Bild findet seine Entsprechung im Außen durch die Kraft der Projektion – wie innen so außen – die Welt, in der wir leben ist ein vollkommener Spiegel unserer inneren Bilder, an die sich bestimmte Glaubenssätze gebunden haben. Mit der Mondenergie tragen wir jedoch etwas Kostbares in uns, die Kraft der Reaktion und der Veränderung.

Wenn wir lernen, Verantwortung für unsere Reaktionen zu übernehmen, können wir den Spiegel unserer Wahrnehmung verändern. Es gibt keine abgetrennte Welt, der ich als Opfer begegne – ich bin niemals den Umständen ausgeliefert, sondern mein innerer Wunsch gestaltet die Welt, in der ich lebe.

Ein Wunsch ist nichts anderes als ein Bild, das noch nicht zu Ende geträumt ist. Einem Wunsch steht häufig ein konträrer innerlicher ungelöster Glaubenssatz gegenüber – wenn ich nicht auch vom Gegenteil überzeugt wäre, irgendwo in mir, dann hätte ich bereits das, was ich mir wünsche. Ein Wunsch hat die Kraft, mich aus einer bekannten, sich wiederholenden Wirklichkeit herauszulösen, wenn ich bereit bin, gleichzeitig alte Glaubenssätze aufzulösen. Diese stecken oft tief im Verborgenen und es braucht ein wenig Zeit, Geduld und Ausdauer, um sie aufzuspüren und ihnen die Kraft zu nehmen.

Mondenergie ist auch Imagination und Vision. Weise ist, wer die Kraft seiner inneren Bilder zu schätzen weiß und ihnen Raum gibt, sich zu entfalten. Für Mondenergie benötigen wir wenig Worte, dafür aber ein gewisses Maß an Vorstellungsvermögen. Bilder vermögen Atmosphären zu gestalten, ihnen Form und Ausdruck zu geben. Erinnerungen sind gespeicherte Bilder, die nicht in den Lebensfluss integriert wurden und deshalb eine Art Eigenleben führen. So lange, bis ich mir die Mühe mache, sie liebevoll anzunehmen, damit sie sich wandeln können. An ein gespeichertes Bild ist häufig ein Gefühl geknüpft – eine bestimmte Atmosphäre oder Schwingung (Stimmung) hat sich verdichtet und kreiert nun erfolgreich die Begegnung im Außen. Um sich selbst zu erkennen stellt diese Erinnerung Umstände her, welche die ursprüngliche Stimmung bestätigen. Die Seele, die immer nach Einheit und Auflösung strebt, möchte sich befreien und stößt doch wiederholt an die bewertenden Grenzen der gespeicherten Erinnerung. Das nennt man dann Erfahrungen sammeln.

Wenn ich bereit bin, mich selber zu beobachten, kann ich Raum gewinnen. Habe ich ein wenig Raum, kann ich auch die den eigenen Reaktionen zugrunde liegenden Glaubensmuster der Erinnerungen finden und treffe auf innere Bilder, die wirken, bzw. etwas be-wirken, dass sich die Wirklichkeit manifestiert. Jetzt kann ich den Spiegel, die Außenwelt nutzen und beobachten, das Bild freistellen, seine Wirkung annehmen und vielleicht ein neues an seine Stelle setzen.

Das sieht ungefähr so aus:

Ich finde etwas „Trauriges“ in mir. Ich frage dieses Gefühl nach einem Bild. Das Bild kann ich fragen, was es wirklich möchte. Wenn ich mir über den Wunsch klar bin, kann ich in mir ein neues Bild entstehen lassen, das diesen Wunsch in seiner Erfüllung zeigt. Dann frage ich das erste Bild, die Erinnerung, ob sie zu dem neuen Bild dazugehören möchte. Aus der Verbindung entsteht ein Gefühl, ein neues Gefühl, das mit der Zeit das Geschehen verändern kann. Ich bin wieder im Fluss, bereit, mich anders auf die mich umgebende Welt einzulassen.

Mondenergie ist nonverbales Eingebundensein in den Kosmos, in den uns umgebenden Raum. Diese Verbindung ist immer da, kommt allerdings bisweilen scheinbar nicht zustande. Bewertungen und Erwartungen verhindern das wahre Gefühl des Eingebundenseins. Mondenergie lässt sich bewusst beobachten, wenn man bereit ist, nach Innen zu sehen, sich Raum zu geben und die Zeit, die man benötigt. Entspannungsübungen jeglicher Art sind geeignet, in diesen Raum zu führen.

Alles ist Traum. Wir träumen die Wirklichkeit, sagen die buddhistischen Lehren, und sind uns dessen nicht bewusst. Weil wir uns nicht bewusst sind, manifestiert sich die Wirklichkeit mit scheinbar unumstößlicher Gewissheit, undurchdringliche Materie umgibt uns als Abbild der Angst, die Erfahrung zuzulassen, dass alles vergänglich ist. Ich begegne immer wieder den gleichen Begrenzungen, denn ich glaube an das, was mir erscheint. Ich kann nicht erkennen, dass Licht sich zu Formen verdichtet hat, die als Materie erscheinen, um mir zu spiegeln, was mein Geist kraft seiner Gedanken und Wünsche erschafft. Ich lebe in meinem eigenen Traum und habe vergessen, dass ich ihn träume.

Tag und Nacht unterscheiden sich insofern nur in ihrer Dichte. Tags funktioniere ich in meiner selbst geschaffenen Wirklichkeit wie ein Rädchen, das einer Geschichte folgt und diese mit aller Kraft aufrechterhält. Angst hält mich zurück, etwas zu verändern und mich aufs Ungewisse einzulassen. Ich lasse mich so tief ein, wie es mir sicher erscheint, denn ich habe vergessen, dass ich immer wieder mir selbst begegne. In Wahrheit bin ich die Verbindung, sind die Verbindungen, die ich eingehe, ein exaktes Abbild meines inneren Glaubens.

Nachts sind die Bilder des Traumgeschehens feinstofflicher, flüchtiger. Wir wissen, dass sie keine eigene Wirklichkeit besitzen und schenken ihnen normalerweise weniger Beachtung, es sein denn, ein starkes Gefühl geht mit ihnen einher.

Und doch greifen Tag- und Nachtgeschehen ineinander über. Was ich im Traum löse, manifestiert sich auch im Tagesgeschehen. Visionen, Eingebungen und Intuition trifft man häufig im Traum. Nachts bin ich gelöster, der Geist schwingt freier, wird weniger kontrolliert. Wenn ich mit Hilfe eines Traumtagebuches erfassen kann, welche Rolle „ich" spiele, kann ich diese mit der Zeit verändern.

Traum – Wunsch – Glaube erschaffen eine Wirklichkeit, der ich auf ganz bestimmte Weise begegne. Deshalb verändert sich das Leben scheinbar nur im Schneckentempo und es gibt kaum Raum für Wunder. Auch wenn ich mich anstrenge, kann ich nur wenig erreichen, denn ich kämpfe gegen die Widerstände, die ich selbst aufgrund meines Glaubens geschaffen habe.

Mondenergie ist fließend, veränderlich, bilderreich. Klänge erzeugen Bilder, an die sich Gefühle knüpfen, die wiederum Begegnungen im Außen suchen, um sich zu lösen. Je freier und gelöster ich bin, desto nachgiebiger erscheint mir die Außenwelt.

Ein Aspekt von Karma

„Vom Geist gehen die Dinge aus, vom Geist beherrscht, im Geist gemacht.. .Wir schaffen nicht nur die Welt, wir schaffen mit ihr auch uns selbst... Die Welt, die wir schaffen, ist die Übertragung unseres Innen nach außen, das Form-werden unseres Selbst als Welt."

Aus den Lehrreden Buddhas

Unser Bewusstseinsstrom ist von Eindrücken geprägt. Die Kraft dieser Eindrücke wird durch gefühlsmäßige Bewertungen gebunden. In Wirklichkeit geschieht alles, weil bestimmte Bedingungen eine gewisse Wirkung entfalten und sich dann als Umstand manifestieren. Diese Umstände sind der Veränderung unterworfen und bilden insgesamt den Lebensfluss. Die persönliche Wahrnehmung selektiert ständig. Auf bekannte und vertraute Umstände reagiere ich positiv, auf fremde oder bedrohliche Umstände reagiere ich negativ. Diese Reaktionsweise wiederum bewirkt eine Veränderung in meinem gesamten Wesen, auf geistiger und seelischer Ebene und beeinflusst mein Verhalten. Weil mir die richtige Sichtweise fehlt, dass nämlich alles geschieht und wieder vergeht, es also keinen Grund gibt, sich damit zu identifizieren oder nach bestimmten Situationen zu greifen und sich darin einzurichten, um dann die entsprechenden Sicherheitssysteme aufzubauen, gehe ich nicht mit dem Fluss, sondern versuche mir darin eine Art Insel zu bauen, auf der es sich aushalten lässt. Alles, was mich aus diesem Inseldasein vertreiben will oder dieses bedroht, lehne ich ab.

Ein buddhistischer Lehrer sagte: Wenn dir etwas widerfährt, was du als positiv bewertest, hinterlässt dieses einen Eindruck in deinem Bewusstsein und dieser Eindruck beeinflusst dein gesamtes Wesen, genauso ist es mit Negativem. Die dabei entstehenden Gefühle werden im Bewusstsein gespeichert und bewirken, dass sich die Wirklichkeit immer wieder gleich gestaltet, denn meine Sichtweise oder meine gefühlsmäßige Reaktion ändert sich ja nicht. Nun wirkt also „Karma“, d.h. mein Geist erfährt und begegnet sich selbst genau so, wie er sich mit einem Teil der Wirklichkeit identifiziert hat. Der Weg aus dieser magischen Verkettung von Umständen liegt in einem schrittweisen Sichherauslösen. Wenn ich lerne, nicht mehr mechanisch auf das, was mir begegnet, zu reagieren, sondern mit der Zeit Raum gewinne, kann ich auch irgendwann einmal anders reagieren oder bzw. brauche ich im Endstadium dann gar nicht mehr zu reagieren, denn es gibt keine Veranlassung für mich, mich an etwas zu binden, was sich sowieso gleich wieder verändert und Ausdruck meiner eigenen geistigen Schöpferkraft ist. Dadurch entsteht wirkliche Handlungsfreiheit und bis dahin gibt es noch die Möglichkeit der Wahl. Um diesen Raum zu gewinnen, braucht es Übung und stetige Erinnerung daran, dass alles, was sich manifestiert, Ausdruck der eigenen Wahrnehmung ist und nichts jemals bleibt, wie es ist.

Aus dieser Sichtweise heraus gibt es keine Weltenrichter, die uns beim Sterben ver- und beurteilen, sondern alle diese Bewertungen und Urteile spricht die eigene Wahrnehmung oder auch der Verstand aus. Wenn ich mich selbst unbewusst für Dinge verurteile und glaube, dass mir Strafe zusteht, wenn ich mich auf eine gewisse Weise verhalte, dann widerfährt mir dies früher oder später auch. Alle Beurteilungen resultieren aus meinem Lebenskontinuum und sie alle sind falsch, denn den Unterschied zwischen dem, was ich als gut und schlecht empfinde, gibt es nur, weil ich mich als getrennt von den Umständen erlebe. Wüsste ich wahrhaftig, dass die reine Energie, die alles durchdringt und als illusionäres Spiel in allen möglichen Formen erscheint, immer dieselbe ist und in allem enthalten, dann gäbe es keinen Grund, etwas abzulehnen oder besitzen zu wollen und ich würde von Egofixierungen befreit mit dem Fluss gehen und mich mit ihm wandeln können.

Wie sich die Wirklichkeit gestalten kann

Betrachten wir zunächst ein Beispiel zur Arbeit mit inneren Bildern: Mona hat gelernt, nur unter bestimmten Bedingungen liebenswert zu sein. Es gibt einen Persönlichkeitsanteil in ihr, der glaubt, nicht immer liebenswert zu sein. Sie bemüht sich unter allen Umständen, liebenswert zu sein. Sobald ihr Widerstand begegnet, gibt sie auf und zieht sich zurück. „Ich habe es doch gleich gewusst, niemand liebt mich." Sobald sie anerkannt wird, freut sie sich, „jetzt hast du es gut gemacht, so ist es richtig." So strengt sie sich weiter an und ist abhängig vom Zuspruch im Außen. Die Welt, die sie sich geschaffen hat, reagiert genauso, wie sie es glaubt. Sie wird gelobt, wenn sie sich anstrengt, um geliebt zu werden. Sie wird getadelt, wenn sie „nicht richtig" handelt. Sie ist selten mit sich zufrieden und bekommt gespiegelt, dass es nicht genügt, einfach nur dazusein. Sie findet das nicht weiter verwunderlich, denn sie funktioniert ja unter den gleichen selbst auferlegten Regeln und Bedingungen. Sie bemerkt, dass ihr etwas fehlt in ihren Beziehungen zur Außenwelt. Monas Partner übernehmen keine Verantwortung für ihre Beziehung, sie ist diejenige, die immer die Initiative ergreift und die alleine gelassen wird, sobald sie nicht das Richtige tut – ihre Rolle nicht erfüllt. Sie macht sich Selbstvorwürfe und strengt sich noch mehr an, bis sie eines Tages so erschöpft ist, dass sie kaum noch zu emotionalen Regungen fähig ist. Jetzt bleibt ihr nur eine Alternative: Entweder sie gibt auf oder sie sucht nach dem inneren Bild, das diese Wirklichkeit kreiert, in der nur ein partnerschaftlicher Austausch unter bestimmten Bedingungen möglich ist.

Mona findet bei ihrer Suche ein kleines Mädchen, das traurig ist. Das Mädchen fühlt sich wertlos. Papi hat es verlassen, wahrscheinlich weil es böse ist. Deshalb versucht es, „jemand zu sein", um dem traurigen Gefühl zu entkommen. Mona wird klug, wortgewandt, schließt viele Freundschaften, gibt mehr als sie hat. Sie fühlt sich in jeder intimen Beziehung schwach und ungeliebt.

Mona versucht, in einem entspannten Zustand, ihre Traurigkeit in ein Bild zu kleiden. Das dabei entstehende innere Motiv für Traurigkeit wird zu einem Baum ohne Blätter, der einsam und leblos in einer grauen nebligen Landschaft steht. Trist und farblos lässt er seine Zweige hängen.

Sie fragt ihn, was er wirklich will. Er möchte genährt werden, er braucht Wasser und Wärme, Licht und Sonnenschein. Sie betrachtet ihn sich genau. Es ist ein starker, alter Baum, mit weit ausladenden Ästen. Durch den Nebel kann er keine Energie aufnehmen, aber sich verstecken. Sie fragt ihn erneut, was er wirklich möchte: Er möchte Schutz spenden, Schatten, wünscht sich Tiere und Pflanzen, die sich unter ihm ansiedeln oder ihn besuchen. Er braucht Energie. Sie fragt nach einem inneren Bild, das den Baum in seiner Erfüllung zeigt. Die Nebel haben sich aufgelöst, die Sonne scheint und seine Blätter strahlen pastellfarben. Er besitzt wunderbare Blüten und duftet wie ein „Vielfrüchtebaum". Der alte Baum verbindet sich mit dem neuen und der Nebel verwandelt sich jetzt in einen milchig feinen Schutz, der sich um den Baum legt, damit er nicht von den heißen Sonnenstrahlen verbrannt wird. Alles prickelt in Mona, sie fühlt sich erfrischt und weit und offen. Sie bittet dieses Bild durch die Vergangenheit zu reisen und alle unglücklichen Beziehungen zu heilen, die sie eingegangen ist und in denen sich wiederholt die Traurigkeit zum Ausdruck bringen konnte. Weiterhin bittet sie das Bild, und sich in der Zukunft zu manifestieren als vollkommenes Gefühl einer geheilten Verbindung. Sie dankt dem Bild dafür, dass es gekommen ist.

Jetzt fällt Mona ein, auf was sie wirklich Wert legt: angenommen zu sein. Gesehen zu werden. Raum zu haben. Die Sonne zu tanken. Kraft zu fühlen. Sie möchte nicht mehr duldsam die Wünsche ihrer Beziehungspartner an deren Augen ablesen müssen und sich anstrengen, diese glücklich zu machen. Sie möchte, dass ihr Baum real, geachtet und genährt wird und Beachtung findet. In der nahen Zukunft wird Mona dieses Bild weiterhin mit Energie versorgen und sich Veränderungen öffnen.

So ungefähr kann die innere Bildarbeit aussehen. Wenn du bei dir bleibst, kannst du herausfinden, was du wirklich möchtest und dir eine Vision wünschen, die ein unerlöstes Gefühl im erfüllten Zustand zeigt. Kraft dieser Vision kann sich die Wirklichkeit neu gestalten, denn du ziehst nun Erfahrungen an, die mit dem neuen Bild in Resonanz treten. Allmählich wird Mona auch die Anstrengung los, die sie fühlt, sobald sie in Beziehung tritt. Auch ihre Partner ändern sich. Denn diejenigen, die von ihr erwarten, dass sie ihnen ihre Wünsche erfüllt, bevor sie sie aussprechen, bleiben jetzt weg. Sie spüren, dass das Muster nicht mehr greift und verweilen in ihrem Universum, während dessen sich Monas verändert hat, denn nun hat sie die Möglichkeit, neue Gewohnheiten auszubilden, die besser zu ihrem inneren Bild passen und kann die alten damit durchbrechen.

Sich einlassen

Dieses Buch möchte dich dazu anregen, mit deinen inneren Bildern in Kontakt zu treten, in eine ganzheitliche Wahrnehmung des Universums zu erfahren und gleichzeitig dich selbst besser kennen zu lernen. Dazu kannst du den Tierkreis für einen Umlauf mit verschiedenen Fantasiereisen durchwandern und vielleicht tragen deine Erfahrungen dazu bei, dass sich auch bei dir eine Gewissheit einstellt: Das Leben ist nicht fest und unnachgiebig, sondern flexibel und fließend, es lässt sich immer wieder neu gestalten und erleben und hat vielleicht nur einen Sinn: Vertrauen und Liebe zu entwickeln in das Zentrum – die All-Liebe, wie auch immer sie jedem erscheinen mag. Während der männliche Weg immer eine Methode anbietet, um zu lernen und sich zu entwickeln, entsteht der weibliche Weg durch das organische Sicheinlassen. Wenn wir uns auf energetische Erfahrungen einlassen können, entwickelt sich darüber Bewusstheit. Im Bewusstsein können sich neue Eindrücke verankern, die zum einen Gefühle zum Fließen bringen und zum anderen durch ihre bilderreiche Sprache Vertrauen in das eigene Seelenmaterial ausbilden. Je mehr Vertrauen man zu seinem inneren Kern fasst, desto leichter ist man in der Lage, sich selbst mit einer stimmigen Nahrung zu versorgen. Man lernt sich allmählich immer besser kennen und wird so autonom, zur „Selbstversorgerin", d.h. man vermag dem Leben Seiten abzugewinnen, die den inneren Reichtum vermehren, denn man wird empfänglich. Du brauchst, wenn du guten Kontakt zu dir selbst hast, nicht mehr aus einem Mangel heraus zu leben, sondern lernst, die leeren Stellen in dir zu füllen, um dann der Umwelt als erfülltes Wesen begegnen zu können. Nur so kann ein wahrer Austausch stattfinden und erst dann bist du bereit, dich ganz auf die Erfordernisse der Zeit einzulassen.

Zum praktischen Gebrauch des Tagebuches

Warum sollte ich die Mondwechsel beobachten?

Bevor es die heutigen Sonnenkalender gab, orientierten sich die alten Völker am Mond[1]. Das Jahr bestand aus dreizehn Vollmonden (13 x 28 + 1 Tag) und war in sich viergeteilt, wobei die Frühlingsvollmonde dem Mädchenaspekt der Mondgöttin geweiht waren, die Sommervollmonde dem Mutter- und Geliebtenaspekt und die Herbstvollmonde ihrem Unterweltsaspekt. Die Wintervollmonde waren dem Unsichtbaren, ihrem Wirken im Verborgenen gewidmet.

Auch während eines Monats fand diese Drei- bzw. Vierteilung der Wochen statt, sodass sich der Werdegang der Göttin im Kleinen wiederholte. Es gab die erste Mondwoche, die zunehmende Mondphase, die zweite Mondwoche, die Mondphase zwischen Halb- und Vollmond, die dritte Mondphase des abnehmenden Mondes bis zum erneuten Halbmond und die vierte Mondphase, in der die Göttin wieder in der Unterwelt verschwand. Die Tage, die von einer Phase in die andere überleiteten, waren Feiertage. Dieser Brauch ist uns als Sonntag erhalten geblieben, obwohl sich die Monate nicht mehr an den Monden orientieren.

Die alte Zeit war zyklisch, ein Kreislauf schloss sich dem vorhergehenden an und auch die Entwicklung des Einzelnen webte auf diese Weise ein spiralförmiges Muster.

Ein Mon(d)at ist der Zeitraum eines Mondumlaufs um den Tierkreis, denn dieser braucht 28,x Tage, um den Tierkreis zu durchwandern. Er verweilt also ungefähr zweieinhalb Tage in einem Zeichen. Diese Tage sind in ihrer energetischen Schwingung

---

[1] Ulla Janascheck: Gezeiten der Göttin, München 2002.

vorrangig von der Energie des jeweiligen Tierkreiszeichens geprägt. Mond reflektiert als Spiegel diese Energie und wir empfangen sie als Atmosphäre oder Stimmung, die wir mit etwas Aufmerksamkeit und Übung wahrnehmen können.

Die Mondrhythmen sind sozusagen der kleinste Kreis in der kosmischen Spirale, den wir beobachten können. Der Mond wandert während eines Monats (ungefähr) durch den Tierkreis, die Sonne braucht dafür ein Jahr, Jupiter z.B. 12 Jahre und Pluto ungefähr 250 Jahre. Dazwischen kommen all die anderen Planeten. Zwölf bis dreizehn Mondumläufe ergeben ein Jahr, einen Sonnenkreislauf. Alle zweieinhalb Tage wechselt der Mond also das Tierkreiszeichen. Zwölfmal im Jahr lässt sich Widdermond erfühlen usw. Steht einer deiner Geburtsplaneten im Widder, wird dieser allein zwölfmal vom wandernden Mond berührt, wodurch seine Energie wachgerufen wird, um sich deinem Bewusstsein mit seiner energetischen Schwingung offenbaren zu können.

Wenn du die einzelnen Mondwechsel beobachtest und sie auf dich, d.h. auf deine Wahrnehmung, beziehst, hast du die wunderbare Gelegenheit, die Zeit allmählich in ihrer veränderlichen Atmosphäre zu erfassen. Zeit ist auch ein energetisches Muster, das man begreifen kann, um in Übereinstimmung damit zu leben. Die Mondwechsel lassen sich leicht bestimmen und nachvollziehen, weil sie sich eben jeden Monat wiederholen. Besonders für Frauen sind sie von Bedeutung, denn an ihnen orientiert sich ja auch der weibliche Zyklus und die damit verbundenen Stimmungen.

Fortgeschrittenere Astrologen beobachten auch noch die Transite, d.h. alle anderen planetaren Auslösungen des Geburtsbildes. Es reicht allerdings zur ersten Bewusstwerdung, zum kennen lernen völlig aus, die Mondwechsel zu integrieren. Mit der Zeit wirst du feststellen, dass du ein sicheres Gefühl für die zwölf Tierkreisenergien entwickelst und sich dadurch Akzeptanz und Toleranz in dir erweitern. Falls es schwache Punkte in dir gibt, kannst du nun bewusst mit der jeweiligen Energie und ihrem Thema umgehen lernen und musst nicht mehr so stark im Dunkeln tappen.

Suche dir eine Ephemeride oder einen Astrokalender. Zum einen sind in der Tabelle die Mondstände für den jeweiligen Tag um

Mitternacht 0:00 Uhr angegeben, zum anderen auch die Uhrzeit, wann der Mond das Zeichen wechselt. Nun kannst du mit Hilfe deines Geburtshoroskops die exakten Transite ausrechnen.

Beispiel: Die Venus des Geburtsbildes steht auf 15° Wassermann. Mond befindet sich am 26. März 2000 um 0:00 Uhr Mitternacht auf 2° Wassermann und 24 Stunden später auf 16° Wassermann.

Du rechnest nun aus, um wie viele Grad sich der Mond innerhalb von 24 Stunden bewegt, und dann, wie lange er braucht, um an der gleichen Stelle zu stehen wie die Geburtsvenus.

16 - 2 = 14 (Mondbewegung innerhalb dieser 24 Stunden)
15 - 2 = 13 (Mondbewegung bis zur Position der Geburtsvenus)

Die Gleichung geht so auf:

$$14° = 24 \text{ Std.}$$
$$13° = x \text{ Std.}$$
$$x = \frac{24 \cdot 13}{14} = 22{,}28$$

22,28 entspricht 22h 15m

Der exakte Transit des Mond in Konjunktion zu Venus ist an diesem Tag um 22h 15m. Mit allen anderen Planetenenergien deines Geburtsbildes verfährst du genauso und trägst die Tage und Uhrzeiten deiner Mondtransite in diesem Tagebuch ein.

Nun kannst du beginnen, dein persönliches Stimmungsmuster zu beobachten. (Falls dir die Rechnerei zu anstrengend ist, kannst du auch die Transite überschlagen, denn der Mond bewegt sich ungefähr pro Stunde ein halbes Grad weiter.)

Nach ungefähr drei Monaten merkst du wahrscheinlich, dass sich Stimmungen wiederholen: Bei Jungfraumond fühlst du dich z.B. immer eigenartig, eine Unzufriedenheit macht sich in dir breit. Dort steht nämlich „dein“ Pluto. Diese Energie ist dir noch nicht so vertraut, als dass du kreativ mit ihr umgehen könntest. Schenke ihr Aufmerksamkeit, indem du dich über ihre Qualitäten informierst und indem du mit inneren Bildern daran arbeitest.

Früher oder später stellt sich dann eine gewisse Gelassenheit ein, die eigenartige Stimmung bei Jungfraumond verändert sich und du bist innerlich einen Schritt weitergekommen. Wenn du beharrlich dabeibleibst, dich auf so einfache Weise zu beobachten, verlieren die unbewussten Gefühlsmuster allmählich ihre Macht. Der erste Schritt in mehr Freiheit und Flexibilität ist getan.

Ein weiterer Vorteil dieser Arbeit ist, dass man andere Menschen auch besser versteht. Diese sind nämlich ebenfalls in solche Stimmungsmuster eingebunden, wenn auch nicht auf die gleiche Weise wie man selbst. Vielleicht taucht der schwache Punkt deines Partners immer bei Schützemond auf. Toleranz und Neugier können sich so entwickeln: Wie funktioniert denn dein Energiemuster? Bewertungen nehmen ab und das Vertrauen in den Fluss der Veränderung wächst.

Mondbeobachtungen und der Tierkreis

Je vertrauter dir die Mondwechsel werden, desto mehr vergrößert sich auch dein Wissen über die einzelnen Tierkreisenergien. Du kannst so dein theoretisches astrologisches Wissen mit praktischen Erfahrungen verbinden. Das stärkt deine Intuition und dein Vertrauen, denn du kannst die abstrakte gedankliche Ebene getrost verlassen. Stelle das, was du z.B. bei Widdermond erlebst, in Bezug zu der Marsenergie, deine Empfindungen bei Skorpionmond in Bezug zur Plutoenergie usw. Du kannst alle inneren Bilder aus den Fantasiereisen auch den entsprechenden Planeten in deinem Horoskop zuordnen, denn sie haben sich dir so gezeigt, wie du sie empfindest. Mit diesen Kraftbildern kannst du arbeiten, indem du dich an sie erinnerst, wenn die jeweiligen Themen angesprochen sind. Erscheint dir z.B. bei der Löwemondreise ein Schwan als Ausdruck deiner Ich-Kraft, kannst du diesen Lichtschwan in allen Situationen, die z.B. mit deinem Selbstwert zu tun haben, einsetzen.

Es genügt, in schwachen Momenten das Bild wach zu rufen, denn darin ist ja auch seine Wirkungskraft enthalten, die sich durch ständiges Erinnern und bewusste Aufmerksamkeit entfalten kann. Beobachte, wie sich auch im Außen auf diese Art etwas verändert.

Die Fantasiereisen

Die vorgeschlagenen Fantasiereisen sind in mehrjähriger Arbeit mit Frauengruppen entstanden. Es war meine Motivation, eine Methode zu finden, die uns in inneren Kontakt mit der Qualität und dem Thema der jeweiligen Planeten- oder Tierkreisenergie bringen kann, ohne Interpretationen oder fertige Konzepte übernehmen zu müssen. Am leichtesten kannst du eine Reise durchführen, wenn du eine Begleiterin oder einen Begleiter hast, der oder die dich führt bzw. anleitet. Ansonsten kannst du dir die Reisen auch selber langsam auf Band sprechen. Lass genug Pausen zwischen den einzelnen Sätzen. Wichtig ist, eigene Worte für die Reise zu finden und nichts direkt abzulesen, sodass der Inhalt stimmt, aber die Worte spontan bleiben. Lasst viele Pausen zwischen den einzelnen Sätzen, denn das Unterbewusstsein braucht eine Weile, um sich zu öffnen und die dazugehörigen Bilder bereitzustellen. Sprich die Erfahrungen, die du während der Reise gemacht hast, sofort aus, male oder schreibe sie auf, denn die Bilder gehen schnell wieder verloren. Finde eine Regelmäßigkeit, gleichbleibende, zuverlässige zeitliche Abstände, um zu „reisen", denn dein Unterbewusstsein braucht Zuverlässigkeit, um sich ganz geben zu können. Am besten reist du natürlich zu den entsprechenden Monden, entweder wenn der Mond tatsächlich aktuell im entsprechenden Tierkreiszeichen steht oder zu den entsprechenden Vollmonden, da jetzt die jeweilige Energie verstärkt ist. Wiederhole den Reisezyklus mindestens dreimal, d.h. über einen längeren Zeitraum hinweg. Du wirst sehen, etwas ändert sich immer, manches bleibt aber auch stabil. Habe keine Angst. Jedes Bild, dass sich spontan manifestiert, stimmt für dich und deine jetzige Situation. Bewerte nichts, weise nichts zurück. Manchmal sind die Wege des Unterbewusstseins sehr verschlungen und nicht gleich offensichtlich. Nimm alles, was sich dir zeigt, dankbar an. Es sind Eindrücke deines Geistes und dieser webt ja deine Wirklichkeit.

Vor jeder Fantasiereise ist es wichtig, dass in dir genug Raum entsteht. Es ist ein Zustand von Gelassenheit oder Gelöstheit, von entspannter Aufmerksamkeit mit ein wenig offener Neugier, der die inneren Bilder gut begleitet. In diesen Zustand kannst du dich versetzen, indem du eine Entspannungsübung machst, die dann die Fantasiereise einleitet. Dein Körper möchte gelöst sein und dein Geist vertrauensvoll geöffnet, damit etwas „geschehen" kann. Lasse dir deshalb genug Zeit (ungefähr zehn Minuten) für die Entspannungsübung, während der du dich mit farbigem Licht füllst. Verwende deine Fantasie für die entsprechenden Worte, ändere die Anweisungen für die körperliche Entspannung auch immer wieder, sodass keine Langeweile aufkommen kann. Das Unterbewusstsein möchte stets aufs Neue überrascht werden. Man kann Licht z.B. einatmen, es kann einströmen, es kann dich umhüllen, es kann die Organe ausfüllen oder auch die Gelenke, die Körperzellen usw., deiner Fantasie sind hier keine Grenzen gesetzt. Wichtig ist nur, dass alles entspannt ist, vom Fußzeh bis zur Haarwurzel. Erwarte nichts und bewerte nichts, Grundregel eins und zwei, dann kann es losgehen.

Die Entspannungsübungen

Alle alten Kulturen arbeiteten mit der Heilkraft der Farben und setzten sie unterstützend bei Heilungsprozessen ein. Im alten Indien wurde z.B. die sogenannte Farblichtatmung angewandt, um heilsame Entwicklung zu fördern. Dabei muss man sich vorstellen, dass eine bestimmte Farbe die eigene Person in Form von Licht durchflutet und man sie ein- und ausatmet. Ebenso kann man die Farbe auch einem anderen Menschen zuatmen. Die Wirkung ist nicht zu unterschätzen!

Du kannst die eine Reise einleitenden Entspannungsübungen auch ohne Fantasiereise durchführen, wenn du z.B. das Gefühl hast, die Energie einer Farbe besonders zu brauchen. Achte dabei auf deine Reaktionen und gefühlsmäßigen Wahrnehmungen, denn nicht jede Farbe ist dir gleich sympathisch. Auch dies hat natürlich einen Grund, und du wirst sehen, dass sich deine Einstellung den Farben gegenüber auch ändert. Das Unterbewusstsein weiß, welche Farben ihm gut tun. Aber auch hier gilt: Bestimmte gesammelte Erfahrungen können vielleicht verhindern, dass man sich gerne auf die eine oder andere Farbe einlässt. Das ist sicher ein Hinweis auf eine Blockade, die sich mit der Farbarbeit jedoch lösen lässt. Wenn du die Entspannungsübungen genießen kannst und dich mit dem farbigem Licht gefüllt hast, bist du bereit, die Fantasiereisen anzutreten.

Jede Entspannungsübung ist mit einer Lichtvisualisation verbunden. Hier ein ausführliches Beispiel:

Lege dich bequem hin. Schließe die Augen und stelle dir vor, dass ein kosmischer Regenbogen die Erde umschließt. Aus dem Regenbogen löst sich jetzt ein Farbstrahl. Grünes Licht tritt nun durch deine Fußsohlen in deinen Körper ein. Das grün strahlende Licht erfüllt deine Füße und Fußgelenke, entspannt dabei diesen Bereich und entfaltet seine heilende Wirkung. Das grüne Licht steigt langsam höher, durch die Waden und in die Kniegelenke. Es fließt durch die Oberschenkel in den Unterleib, umhüllt dort die Organe und breitet sich im Bauchraum aus. Das Hüftgelenk wird ebenfalls mit dem grünen Licht durchflutet. Dann füllen sich der Herz- und der Lungenraum mit jedem deiner Atemzüge mit grünem Licht. Vielleicht kannst du spüren, wie deine Atmung jetzt tiefer und ruhiger wird und dir mehr Raum zur Verfügung steht. Auch der Hals strahlt jetzt in grünem Licht, es fließt die Arme hinunter bis in die Fingerspitzen. Zuletzt steigt das grüne Licht in deinen Kopf und erfüllt deinen Gehirnraum. Das Kiefergelenk wird ebenfalls mit diesem Licht durchflutet. Zusätzlich bildet sich eine eiförmige Lichtkugel um deinen Körper, um diesen völlig zu schützen. Als dieser so gereinigte Lichtkörper machst du dich nun auf den Weg, um deine Traumreise anzutreten.

So oder ähnlich kann die Entspannungsübung lauten. Der Fantasie sind hierbei keine Grenzen gesetzt.

Psychische und spirituelle Wirkung der Farben

Rotes Licht

gibt Energie, stabilisiert und richtet den Geist auf ein Ziel aus. Es erdet, macht wach und bereit für die materiellen Auseinandersetzungen. Rot gibt auch Kraft beim Streiten und unterstützt Abgrenzungsprozesse. Es schützt vor von außen angetragenen Aggressionen und wirkt gegen emotionale Erschöpfung. Die Tatkraft findet Unterstützung. Rot steht in Zusammenhang mit dem Wurzelchakra und hilft bei Existenzangst.

Rosa Licht

wirkt auf das Herzchakra, hilft über Enttäuschungen wegzukommen und Selbsthass auszulöschen. Es fördert Selbstannahme, Fürsorge, Gruppenarbeit und harmonisiert die Atmosphäre. Liebevolle Gefühle werden durch rosa Licht verstärkt. Es öffnet den Raum für die bedingungslose Liebe. Rosa wirkt auf das Wurzel- und das Herzchakra, es verbindet Sexualität mit Liebe.

Korallenfarbenes Licht

überwindet den Bruch im Vertrauen, der durch eine schwierige Mutter-Kind-Beziehung gleich nach der Geburt entstanden ist, besänftigt Überempfindlichkeit, lässt Ahnungen zur Gewissheit reifen und nährt die innere Geborgenheit. Korallenfarbenes Licht sensibilisiert das Bewusstsein, um unterdrückte Bedürfnisse und Bedürftigkeit wahrzunehmen. Es hilft bei emotionaler Vernachlässigung und verwandelt damit verbundene Mangelgefühle. Koralle unterstützt die Suche nach der inneren Schönheit und Anmut.

Orange

öffnet die Welt des inneren Kindes, bringt verlorenen Spaß zurück und belebt. Es wirkt gegen das Gefühl, neben sich zu stehen und hilft dabei, das Leben wieder zu genießen. Es ist heilsam nach Schocks und traumatischen Erlebnissen. Orange unterstützt die Spontaneität, die Sinnlichkeit und die Sexualität. Orange wirkt appetitanregend und führt in eine innere Geborgenheit. Orange wirkt auf das Nabelchakra und die damit verbundenen Bauchgefühle.

Goldenes Licht

bringt in Kontakt mit der inneren Weisheit und wirkt gegen Armuts- oder Mangelbewusstsein. Es macht die Sinne empfänglich für die Fülle. Goldenes Licht heilt zu geringen Selbstwert, Selbstkritik und Suchttendenzen. Es bringt Zufriedenheit und befreit von allzu hohen Erwartungen. Gold unterstützt die Zuversicht und die innere Sicherheit. Gold kann auch dabei helfen, sich zu erweitern, Positionen mit größerer Verantwortung zu übernehmen.

Gelbes Licht

wärmt und lässt Freude entstehen. Es bringt Bewegung in Stagnation und wirkt gegen Überängstlichkeit und Depression. Gelb unterstützt die Ausdauer und den Optimismus. Es weckt den Geist, damit sich dieser Prüfungen stellen kann. Gelbes Licht belebt den Verstand und hilft, unklare Wahrnehmungen genauer zu benennen. Es wirkt auf den Solarplexus und kann Machtstrukturen von Opfer und Täter in Beziehungen lösen. Gelbes Licht vermittelt ein klares Gefühl von „wer bin ich“ und unterstützt dabei, sich selbst klar zu definieren, um damit seine stimmige Position im Leben einzunehmen.

Grünes Licht

öffnet das Herz und das Herzchakra, beruhigt und schenkt Raum. Toleranz und Vergebung werden vom grünen Licht begleitet. Grün heilt und unterstützt den Neubeginn und das organische Wachstum. Es wirkt gegen Hoffnungslosigkeit und stellt unvoreingenommene Beziehungen her.

Türkisfarbenes Licht

befreit die Kreativität und inspiriert die Seele. Es fördert den Humor und schafft Distanz in Situationen, die zu eng geworden sind. Es befreit die Atmung und schützt vor Computerstrahlung. Türkis wirkt auch gegen Lampenfieber. Türkis bringt frischen Wind und hilft, die Dinge wieder leichter nehmen zu können. Türkis reinigt Verstrickungen und Symbiosen. Es beflügelt Vorträge und öffentliche Auftritte.

Hellblaues Licht

Schützt, es verleiht dem Geist Frieden und macht ihn für die offene Weite empfänglich. Hellblau hilft beim Zuhören und öffnet die Wahrnehmung für die innere Stimme, es unterstützt auch vertrauensvolle Prozesse. Hellblaues Licht erleichtert den Ausdruck und die Umsetzung von Dingen, die man weiß, aber sich nicht umzusetzen traut. Hellblau wirkt auf das Halschakra und versöhnt mit dem (inneren) Vater.

Königsblaues Licht

führt in den feinstofflichen und visionären Bereich. Es verfeinert und sensibilisiert die Wahrnehmung auch für die unsichtbare Welt. Das Hören wird intensiviert. Königsblau hilft aus Isolationsgefühlen heraus und schenkt tieferes Vertrauen. Sein Licht wirkt auf das dritte Auge.

Violettes Licht

unterstützt Transformationsprozesse. Es fördert die Eigenverantwortlichkeit und heilt Arroganz. Violettes Licht ist hilfreich bei Ablösungsprozessen, beim Loslassen und beim Verwandeln. Es gibt Mut zur radikalen Veränderung und löst Blockaden, die den allgemeinen Fluss behindern. Violettes Licht verhilft zu einem spirituellen Bewusstsein und beruhigt mentale Verwirrung. Violett heilt Durchschlafprobleme und wirkt auf das Scheitelchakra.

Magentafarbenes Licht

stellt die Verbindung her und öffnet für das allumfassende Bewusstsein. Es führt in den Bereich hinter der dualistischen Wahrnehmung. Magenta wirkt gegen Erschöpfung und verwandelt ein Helfersyndrom in aktives Mitgefühl. Es führt in tiefe Entspannung und stellt verlorene Verbindung wieder her. Magenta ist dem achten Chakra, außerhalb des Körpers, zugeordnet.

Weißes Licht

klärt und reinigt. Es verstärkt alle anderen Farben und bringt Licht in dunkle Bereiche. Eingefrorene Tränen können sich mit weißem Licht lösen. Es wirkt auf das Scheitelchakra.

Silbernes Licht

stellt die Verbindung zur urmütterlichen Weisheit her. Es besänftigt und unterstützt künstlerische Prozesse und bindet an den Ursprung an.

Mond in den Fischen (Neptun)

„Die Wesen entstehen aus der Nahrung, die Nahrung entsteht aus dem Regen, der Regen entsteht aus dem Opfer, das Opfer entsteht aus dem Werk"

Baghavadgita 3, 14

Die Atmosphäre des Fischemondes ist feinstofflich, sensibel. Mit etwas Aufmerksamkeit lässt sich feststellen, dass Licht die Welt erfüllt, alles miteinander verbunden und freundliches Miteinander möglich ist. Vielleicht fühlst du dich gelassener, ein wenig träge, so, als ob du heute kein Bein auf den Boden bekommst. Diesen Zustand kann man nutzen. Er ist wie ein feines Schweben, wie Rückenwind, wie Freiheit in der Harmonie – wenn es gelingt, Erwartungen und Vorstellungen loszulassen. Heute kannst du dich gelassen zurücklehnen und Kontakt mit deinem höheren Selbst aufnehmen, um Inspiration bitten oder darum, auf eine feinere, subtilere Ebene geführt zu werden, wenn du keine Angst davor hast, die Kontrolle zu verlieren.

Reise in die Qualität des Fischemondes (Neptun)

Stell dir vor, wie langsam magentafarbenes Licht durch deine Fußsohlen in deinen Körper eintritt und diesen von unten nach oben ausfüllt. Das magentafarbene Licht umhüllt dich dann wie ein Mantel und nimmt die Form eines großen Eises an. In diesem Mantel bist du vollkommen geschützt. Dein Energiekörper wird so gereinigt und belebt, die einzelnen Chakren können durch diesen Farbstrahl besser miteinander in Verbindung treten.

Du bist in einem angenehm warmen Meer und lässt dich treiben. Das salzige Wasser trägt dich und umspült weich deine Haut. Eine Gruppe von Delphinen umkreist dich und du kannst ganz deutlich die prickelnde Freude empfinden, die dich erfüllt. Du stellst deine inneren Sensoren auf Empfang und heißt die Delphingruppe mit einem inneren Bild willkommen. Du spürst, dass du dich ihnen ganz anvertrauen kannst. Die Delphine antworten auf deinen Willkommensgruß mit einem Bild, dass du klar empfängst. Schnell schwimmen sie spiralförmig links um dich herum, und eine Art Lichtwirbel entsteht, der die Wasserwelt mit dem Himmel verbindet. Du fühlst, wie du eine große Empfindung, die du schon lange mit dir herumträgst, jetzt loslassen kannst. Diese Empfindung kleidest du in ein Bild, das nun links herum spiralförmig nach oben steigt. Du fragst dieses Bild, was seine wirkliche Absicht ist. Freudig springen die Delphine jetzt um dich herum. Sie scheinen dir zu gratulieren, diesen Schritt getan zu haben. Jetzt beginnen sie dich rechts herum zu umkreisen. Nun kannst du anstelle der losgelassenen Empfindung eine neue manifestieren, die die Absicht der alten in ihrer Erfüllung zeigt. Lasse dich ganz von deinem inneren Zustand der Gelöstheit leiten, während du ein Bild empfängst, das diese Empfindung klar ausdrückt. Manifestiere dieses Bild in allen Situationen, in denen bisher die losgelassene Empfindung regierte. Spüre, wie Heilung stattfindet. Finde einen Ort im Körper, der das neue Bild braucht. Spüre für eine Weile, wie es sich nun an diesem Ort anfühlt. Vielleicht begegnet dir auch ein Satz, der sich innerlich bildet. Sage dir, dass du diesen Ort in deinem Körper in der nächsten Zeit wiederholt aufsuchen, dich an ihn erinnern und ihm Kraft geben wirst. Die Delphine schwimmen nun wieder freudig um dich herum. Schicke jedem Einzelnen von ihnen dein vervielfältigtes neu gefundenes Bild zum Dank und schau, wie sie reagieren. Jetzt kannst du dich verabschieden und wieder zurückkehren in dein bekanntes Universum.

Fragen zur Reise

Mit welchem inneren Bild hast du die Delphine begrüßt? Wie haben sie dich willkommen geheißen? Welche Empfindung warst du bereit loszulassen? Welches neue Gefühl hat sich, als Ausdruck der erfüllten Absicht der losgelassenen Empfindung manifestiert? Wo ist der geeignete Ort in deinem Körper, um das neue Bild aufzubewahren? Welcher klare Satz bildet sich daraufhin in dir?

Male dir deine neue Empfindung auf, um sie in der materiellen Wirklichkeit zu manifestieren. Vielleicht fällt dir auch ein kleines Gedicht ein, das dein Erlebnis beschreibt.

Innere Bilder tragen eine Wirklichkeit. Je mehr Aufmerksamkeit wir ihnen schenken, desto stärker können sie sich entfalten. Achte in der nahen Zukunft darauf, deine Handlungen auf das innere Bild abzustimmen.

Durch die Arbeit mit Visionen verändern wir unseren Resonanzkörper. Wir schwingen anders. Man kann das mit einem gemalten Bild vergleichen. Wenn ich es betrachte, entsteht in mir ein Grundgefühl. Ich erfasse seine Ausstrahlung und reagiere darauf gefühlsmäßig. Mond reflektiert die Wirkung, die von dem Bild ausgeht. Genauso geht es anderen Menschen oder Tieren, selbst Pflanzen reagieren auf meine Ausstrahlung. Der Mond reflektiert die Sonne. Ich reflektiere meine inneren Bilder und das Außen spiegelt mir das, was ich aussende.

Die Atmosphäre des Fischemondes ist geeignet, um die mich selbst reflektierende Umwelt zu beobachten und mich nahtlos in diese einzufügen. Vielleicht bemerke ich die feinstofflichen, unsichtbaren Fäden, die sich zwischen mir und anderen gesponnen haben. Es kann sein, dass ich feststelle, wie mir jemand Energie raubt, dass ich das ganze Muster erahne, das mich und den anderen Menschen verbindet. Dann ist es hilfreich, sich auf ein inneres, positives Bild konzentrieren zu können, um bei sich selbst bleiben zu können. Wie durch Geisterhände bin ich hierbei beschützt, denn ich grenze mich nun gesund ab. Ein anderer Mensch kann mir nur Energie dann rauben, wenn ich mich auf dieses Muster einlasse, also damit in Resonanz trete. Vielleicht, weil einer meiner Glaubenssätze besagt, dass die Wirklichkeit so sei; ich muss geben, um zu empfangen und kann aber nichts empfangen, weil der andere denkt, er bekomme nie genug. Dann reagiere ich auf seinen „Hunger", seinen Mangel, stille ihn und vergesse mich selbst. Bin ich leer und erschöpft, geht der andere, denn er braucht Energie, die er nun nicht mehr bekommt und besorgt sie sich woanders. In einer solchen Situation kann man nicht gewinnen. Gelingt es einem jedoch, bei sich zu bleiben, dem wahren Aspekt des Selbst, dann bekommt der andere genau das, was er braucht, ohne dass er einen erschöpft. Die innere Resonanz ist verändert.

Nutze diese Tage und Nächte, um auf das zu achten, was zwischen den Zeilen steht. Trete in Verbindung mit deinen geistigen Führern und gib, soweit möglich, die Kontrolle auf. Vieles gestaltet sich von selbst, wenn man den Mut hat, loszulassen und mitzugehen. Auch die „Energiestaubsauger" gehen von selbst, denn sie fürchten das Licht, das ihr Schattendasein erhellt. Laufe ihnen nicht nach, sondern kreiere weiterhin dein glückliches Universum. Jeder Moment birgt die Entscheidung in sich, in Ekstase zu leben oder als Opfer der Umstände zu leiden. Entscheide dich. Dazwischen gibt es natürlich noch einige Abstufungen.

Fischemond *dient* der Einswerdung. Jetzt ist immer. Im Jetzt liegt die Erfahrung der Vergangenheit und der Plan der Zukunft. Jetzt ist ein Bild, dem ich Aufmerksamkeit schenken sollte. Jetzt ist immer richtig, meine Sichtweise nicht. Bin ich ganz im Jetzt, bin ich frei, gelöst und aufmerksam. Ich schwinge ohne Widerstand mit meiner Umgebung, wir ergänzen uns. Ich nehme meine Bedürfnisse und die meiner Umgebung wahr. Geben und Nehmen befinden sich im Einklang. Ich bin meine Umgebung und meine Umgebung ist ich. Wir unterscheiden uns nur durch begrenzende Formen.

Notiere in deinem Mondtagebuch alle Menschen, die dich unterstützen sowie die Art und Weise, in der dies geschieht. Was gibst du ihnen, was geben sie dir? Hast du Freunde für alle Bereiche deines Lebens? Gibt es einen Bereich deines Lebens, in dem du Hilfe brauchst, aber keine bekommst, weil du niemanden kennst, der damit vertraut ist? Dieser Bereich könnte dein blinder Fleck sein. Hier sitzt wahrscheinlich ein sehr tief gehender Glaubenssatz, der sogar verhindert, dass du auf dieser Ebene mit Menschen oder Situationen in Kontakt kommst, die dich weiterbringen könnten. Hier bist du wirklich hilflos... Visualisiere auch hier nach oben genannten Schritten, wie sich dieser Bereich verändert. Denn Neptun oder Fische kann dich auch in einem Traum gefangen halten, der eine Illusion ist – bei der du permanent vor einer Erfahrung fliehst und damit verhinderst, dass du dich in deiner Ganzheit erfährst.

Vollmond in den Fischen

Nimm dir ein wenig Zeit für eine kleine Meditation. Stell dir vor, dass sich in deinem Herzen der Lichtkörper einer Mondgöttin befindet. Dieser strahlt fünffarbiges Licht (weiß, rot, blau, gelb, grün) in den Farben der Elemente Äther, Feuer, Wasser, Erde und Luft in alle Daseinsbereiche aus. Von diesem Licht werden alle Wesen berührt und kommen dadurch in Kontakt mit ihrem eigenen Göttinnenaspekt. Erneut strahlt dieses Licht aus als Opfergabe an alle erleuchteten Wesen. Diese schicken das Licht millionenfach verstärkt zu dir zurück. Ein drittes Mal strahlt dieses Licht aus und bewirkt, dass sich der Lichtkörper der Göttin vor dir manifestiert. Du bringst ihr Opfergaben in Form von Lichtkörpern dar. Nun kannst du mit ihr in Zwiesprache treten und dir vielleicht Unterstützung bei einem Projekt wünschen. Dann löst sich dieses Bild auf und du verweilst im Bewusstsein der Göttin. Sie ist überall und in allem enthalten. Mit diesem Bewusstsein beendest du deine Meditation und wenn du willst, kannst du dir mögliche spontane Einsichten aufschreiben.

Mond im Widder (Mars)

„Weihe alle Handlungen mir, richte deinen Geist auf den höchsten Atman (die unsterbliche Seele). Frei geworden von Erwartung und Selbstsucht, kämpfe, vom Fieber deiner Gedanken befreit."

Baghavadgita, 3, 30

Die Schwingung des Widdermondes ist aktiv, wach und spannungsreich. Jetzt ist eine gute Zeit, um Ideen zu zünden, die Ahnungen und Eingebungen des Fischemondes in Initiative umzuwandeln. Impulsiv und ein wenig ungeduldig fühlt man sich zu Taten aufgerufen. Zur inneren Gewissheit gesellt sich nun der aktive, leidenschaftliche Wunsch, etwas zu tun. Die Gefühle sind wach und suchen eine lebendige Bühne, um sich umzusetzen. Du bemerkst vielleicht freudig die Gabe der Identifikation, wenn du Verantwortung für dich übernimmst und zu dir stehst, dann kannst du loslegen. Du hast möglicherweise Spaß daran, andere Menschen zu führen, mitzureißen und möchtest etwas erleben. Vielleicht wagst du es, neue Erfahrungen zu machen, traust dir mehr zu als an anderen Tagen. Während du die vergangenen Tage damit zufrieden warst, deine Allverbundenheit zu spüren, möchtest du jetzt etwas ausdrücken und für Projekte, an die du glaubst, kämpfen und eintreten.

Reise in den Widdermond (Mars)

Dich durchflutet rotes, strahlendes Licht, bis dein ganzer Körper damit ausgefüllt ist. Fühle die Kraft, die von dieser Farbe ausgeht. Stelle dir vor, du be-

gibst dich auf eine Reise an einen Ort, an dem du nie zuvor gewesen bist. Dieser Ort besitzt die besten Voraussetzungen für deine derzeitige Entwicklung. Sobald du ihn erreichst, empfängt dich dort ein Wesen, das Mut und Stärke ausstrahlt. Dieses Wesen überreicht dir eine Waffe, die es seit langer Zeit für dich aufbewahrt hat. Du erkennst sie wieder und nimmst sie an. Dann erklärt dir das Wesen, dass du nun zu einer Stätte geführt wirst, an der ein Kampf stattfinden wird. Du wirst dort einen Feind treffen, deinen Hauptfeind, der dich bisher daran gehindert hat, deine Stärke voll und ganz auszuleben. Du folgst ihm mit der Gewissheit, diesen Kampf zu gewinnen. Als ihr ankommt, liegt schon alles bereit, und dein persönliches Krafttier empfängt dich an dieser Stätte. Dieses Tier repräsentiert deine aggressiven und kämpferischen Aspekte. Tausche dich mit dem Tier aus, in welchem Zustand befindet es sich, was hat es dir zu sagen? Vielleicht braucht es auch erst einmal Heilung. Wie stark fühlst du dich an seiner Seite? Das Tier verspricht dir, in diesem bevorstehenden Kampf beizustehen. Du stärkst dich nun mit einem Getränk und isst vielleicht noch etwas, dann begegnet dir dein Gegner, er verkörpert etwas, das dich schon immer bedroht hat. Schaue ihm direkt ins Gesicht. Du weißt, du bist im Reich der Illusionen und dein Krafttier ist bei dir. Höre darauf, was dir dein Feind zu sagen hat. Was hat er gegen dich? Welche Überzeugungen bezüglich deiner Person hegt er? Ihr verbeugt euch voreinander in gegenseitigem Respekt und du spürst genau, welche Eigenschaften dein Gegner hat. Frage ihn, was er von dir will und empfange eine klare Antwort. Dann nimmst Du deine Waffe und führst den Kampf so lange, bis du gewinnst. Du selbst bestimmst, wann dies der Fall ist. Wenn es sein muss, begrabe deinen Gegner an dieser Stätte. Fühle dich als Siegerin. Fühle aus dieser Situation heraus deine Aufgabe. Wofür möchtest du deine ganze Kraft einsetzen? Spüre jetzt, wie sich eine kleine Flamme in deinem Nabelchakra entzündet und ihre Flammen dich allmählich reinigend umhüllen. Spüre deine sexuelle Ausstrahlung, deine Kampfbereitschaft, dein Vermögen zu siegen. Du hast immer die Wahl und kannst Neugeburten einleiten. Schaue aus dieser Perspektive heraus in die Vergangenheit. Vielleicht fallen dir einige Szenen ein, in denen du deine Kraft an andere abgegeben oder verloren hast. Hole sie dir jetzt zurück... So fühlt es sich an, wenn dir all deine Kraft bewusst ist. Schau auf deine Waffe – wofür möchtest du sie einsetzen? Du spürst jetzt, wie die Qualität deines Gegners dir zu eigen wird, wie seine Kraft mit deiner verschmilzt. Damit verbunden ist ein bestimmtes Thema, dass du in naher

Zukunft meistern kannst, wenn du dich erinnerst. Zum Zeichen deiner Dankbarkeit, gibst du jetzt deinem Krafttier ein Geschenk. Ihr umarmt euch und du kehrst zurück in deine bekannte Welt.

Fragen zur Reise

Welches Wesen repräsentiert deinen Mut und deine Stärke? Welche Waffe liegt für dich bereit? Wie kannst du mit ihr kämpfen? Beschreibe deinen Feind. Was hat er gegen dich? Welche Eigenschaften kennzeichnen ihn? Wie sieht dein Krafttier aus? In welchem Zustand befindet es sich? Braucht es vielleicht Heilung? Beschreibe das Gefühl, während du in der Flamme stehst. Wofür kannst du deine Kraft mit Hilfe deiner Waffe einsetzen? In welchen Situationen deines Lebens hast du bisher Kraft abgegeben, ohne etwas zurückzubekommen? Welches Thema kannst du mit der vereinten Kraft deines Gegners in naher Zukunft meistern?

Male ein Bild, das dieses Erlebnis zusammenfasst.

Mond im Widder trägt das Element der Bewegung in sich. Durch Bewegung entsteht Kraft, der Kreislauf bekommt mehr Sauerstoff zugeführt und der Kopf wird frei. Tanz und Sport sind geeignet, um die physischen und damit auch psychischen Kräfte zu mobilisieren. Kreiere einen Tanz, der dich in Freude versetzt oder singe so laut du kannst. Gehe über deine Grenzen hinaus, damit du spüren kannst, wie stark du bist. Aggressionen sind nichts weiter als gespeicherter Frust, befreie dich von Energiestaus, indem du dich bewegst. Äußere Feinde spiegeln dir deine inneren Mängel wider, nutze diese Zeit, um dir bewusst zu werden. Jeder Mensch hat nur so viel Macht über dich, wie du ihm einräumst. Je verantwortlicher du mit deinem Leben umgehst, desto weniger Menschen triffst du, die dir sagen, wo es langgeht.

Finde ein Symbol, dass dich in deiner ganzen Kraft zeigt. Meine Kraft liegt in ... (meiner Wildheit, in meiner Rebellion, in meiner inneren Freiheit, in meiner Lebensfreude). Male dieses Symbol in dein Tagebuch.

Finde ein Tier, das deiner Kraft entspricht. Male auch dieses. Ich bin stark, weil ... (ich selbständig handle, weil ich an die feinstoffliche Welt glaube, weil ich eine Stimme habe, weil ich mich freuen kann, weil ich großzügig bin ...).

Versuche die auf diesem Wege gewonnenen Bilder in den Alltag zu tragen. Schenke deiner Kraft und Stärke Aufmerksamkeit.

Wann habe ich heute Kraft abgegeben, bin ich nicht bei meinem Bild geblieben, wer konnte mich schwächen, wie ist dies geschehen? Wie habe ich mich behauptet, durchgesetzt, gekämpft? Für was möchte ich mich stärker einsetzen? Wo fehlt es mir an Mut? Wofür kann ich mich begeistern, bei welchen Gedanken prickelt es vor Aufregung? Unterdrücke ich diese Lebensimpulse oder gebe ich ihnen nach? Welche Herausforderungen kann ich annehmen? Denke dir eine Mutprobe aus. Spiele.

Reise zur inneren Heldin

Du kannst, wenn du möchtest, deine innere Heldin besuchen. Entspanne dich wieder in dem roten Licht und rufe das Wesen, das dich zu der Kampfstätte geleitet hat. Frage dieses Wesen, worin deine wirkliche Stärke liegt. Wenn du die Antwort empfangen hast, macht ihr euch beide erneut auf den Weg. Diesmal kommst du zu einem Ort, an dem du für etwas, das du erreicht hast, geehrt wirst. Ein Tier nähert sich dir und übergibt dir ein Geschenk zum Zeichen seiner Anerkennung. Du hast auch etwas für das Tier dabei. Spüre, wie dir nach diesem Austausch die Energie des Tieres übertragen wird. Durch diesen Energieaustausch bekommst du nun einen besonderen Schutz verliehen, der dich in der nahen Zukunft begleiten kann. So gestärkt, kannst du jetzt weitergehen. Du kommst an eine Wegkreuzung. Dort tun sich verschiedene Wege vor dir auf und du studierst den Wegweiser, der dort angebracht ist. Lese, wohin dich die einzelnen Wege führen können. Wenn du ihre Richtung kennst, frage nach Bildern, die jeden dieser Wege fünf Jahre später aufzeigen. Wähle jetzt mit all diesem Wissen einen von ihnen, d.h. triff eine Entscheidung, die Gültigkeit hat. Bekräftige deine Entscheidung, indem du jetzt einige Schritte in diese Richtung unternimmst. Vertraue darauf, dass sich dir Wege öffnen werden. Spüre, wie die innere Erfüllung zunimmt, während du gehst.

Lasse alle Angst und Bedenken hinter dir und bewege dich einfach langsam, in deinem Tempo, aber stetig voran. Halte an, sobald du das Gefühl hast, dass sich dir etwas zu deiner Unterstützung nähert. Umarme dieses etwas und spüre die Kraft dieser Verbindung. Achte darauf, in welchem Bereich deines Körpers du sie fühlen kannst. Warte, bis du dort ein Bild empfängst, das für diese Kraft steht. Kehre so gestärkt zurück. Vertraue deinem Erlebnis, schreibe es auf.

Fragen zur Reise

Welches Geschenk hast du für das Krafttier und was bekommst du von ihm? Was steht auf den Wegweisern geschrieben? Welche Entscheidung triffst du? Was nähert sich dir zu deiner Unterstützung? Wo spürst du die Kraft in dir? In welches Bild kleidet sie sich?

Vollmond im Widder

Du kannst diesen Tag erneut für eine Meditation nutzen: Stell dir bei jedem Einatmen vor, wie du rotes Licht in deinen Körper leitest und beim Ausatmen verlassen dich alle Ängste, die durch Abhängigkeiten entstanden sind. In deinem Herzen entsteht ein sechszackiger Stern, der sich nach unten hin trichterförmig schließt. Um diesen Stern flackert ein Feuerzaun. Inmitten dieses Sterns tanzt eine rote Lichtgöttin, von der abermals rotes Licht ausstrahlt. Dieses Licht vermag alle Leidenschaften, die Leiden schaffen, zu transformieren und befreit gleichzeitig alle Wesen aus ihrer Abhängigkeit. Verweile in diesem Bild so lange es dir möglich ist. Vielleicht spürst du, wie sich dein Herzchakra erwärmt. Dann löse die Visualisation wieder auf und genieße die offene Weite. Widme alle positiven Kräfte allen fühlenden Wesen und beende deine Meditation.

Mond im Stier (Erde)

„Zuneigung und Abneigung der Sinne ihren Objekten gegenüber sind von der eigenen Natur festgelegt. Möge der Mensch nicht in die Gewalt der beiden geraten, denn sie sind seine Feinde."

Baghavadgita, 3, 34

Diese Energie unterstützt Form und Struktur. Jetzt lassen sich die Ideen und die Kraft der Widderenergie bündeln und sammeln. Der innere Wert bildet sich aus. Einem Bildhauer gleich, kannst du die dich umgebende Materie nun formen. Deine finanzielle Situation spiegelt dir, welchen Wert du dir selbst zugestehst. Dein Haus entspricht deinem Körper, der Struktur, die deine Seele beherbergt. Achtsam kannst du nun während des Stiermondes überprüfen, ob und wie deine Lebensstruktur funktioniert. Es gibt zentrale Erfahrungen, die du während deiner unzähligen Inkarnationen gemacht hast und die nun deinem Leben seine äußere Form geben, so, dass du sie erkennen und gegebenenfalls ändern kannst. Die Energie des Stiermondes ist bedächtig, gründlich und nährend. Sie bildet die Basis, auf der sich Leben aufbaut. Ist die geistige, seelische und physische Nahrung, die du dir zuführst, gesund? Nährt dich das Leben ausreichend, wird für dich gesorgt? Fühlst du dich sicher und geschützt in dir? Kennst du deinen wahren Wert? Ist deine Lebenssituation so, dass du dich geborgen und gut aufgehoben fühlst?

Reise in den Stiermond (Erde)

Schließe die Augen, entspanne dich. Stell dir vor, wie du von olivgrünem Licht erfüllt wirst. Fühle, wie dein Körper auf einer sicheren Unterlage ruht. Spüre, wie du Wurzeln ausbildest, die dich mit der Erde verbinden. Spüre deine Schwere, dein Gewicht. Stell dir vor, du bist nun gut geerdet und um dich herum entsteht ein Gebäude, in dem du sicher und geborgen bist. In diesem Gebäude befindet sich eine Person, die dich willkommen heißt. Betrachte diese

Person genau, nimm ihre Eigenschaften wahr. Sie gewährt dir Schutz und gibt dir die Nahrung, die du brauchst. Du genießt es, von ihr versorgt zu werden. Du kuschelst dich an diese Person und verrätst ihr, wo du Hilfe brauchst, in welchem Bereich deines Lebens du dich nicht sicher fühlst, wo dich immer wieder die gleichen Ängste überfallen. Die Person gibt dir nun genau das, was du dir wünschst, und du kannst dich vielleicht so noch tiefer fallen lassen und noch einmal spüren: Was nährt mich wirklich? Gibt es einen Wunsch, den du dir nicht eingestehst? Erzähle der Person, wie ein sicheres Leben für dich aussehen würde, unter welchen Voraussetzungen du dich gut entwickeln könntest. Du verwandelst dich nun in einen Baum, spüre, welche Bedingungen du brauchst, um zu wachsen, wie der optimale Ort beschaffen ist, an dem du gedeihst.

Danke dann der Person in dem Haus dafür, dass du etwas über deine Sicherheit gelernt hast. Kehre zurück in deine normalen Umstände.

Fragen zur Reise

Welche Eigenschaften des Gebäudes führen dazu, dass du dich dort geborgen fühlen kannst? Weshalb fühlst du dich mit der dich willkommen heißenden Person sicher? Beschreibe sie! Welche Nahrung bietet diese Person dir an? In welchem Bereich deines Lebens brauchst du Hilfe? Was nährt dich wirklich? Wie lautet dein verborgener Wunsch? Was brauchst du zu deiner Sicherheit? Unter welchen Bedingungen gedeiht dein Baum?

Male deinen Baum in seiner optimalen Umgebung. Gib ihm einen Namen.

Entscheide dich bewusst dafür, dass du für die optimalen Bedingungen deines Wachstums sorgen wirst. Entwerfe ein Bild einer für dich passenden, dich versorgenden Mutter. Welche Qualitäten und Eigenschaften hat sie? Wie sieht sie aus? Wie würde sie dich behandeln?

Verinnerliche dieses Bild. Bewahre es dir irgendwo in deinem Körper auf. Dieses Mutterbild kann dich von nun an nähren und deinem inneren Kind weiterhelfen.

Den Stiermond kannst du nutzen, um dich von Altlasten zu befreien. Wie eine Art Computerprogramm sind die inneren Bewertungen von Erfahrungen gespeichert und verursachen so ein ziemlich enges Reaktionsmuster, das immer wieder ähnliche Erlebnisse herbeiführt. Es tut ausgesprochen gut, die alten Gefühle, die Paketen oder Päckchen ähnlich in der Erinnerung aufbewahrt sind, zu betrachten, aus sich herauszustellen, um sie auf ihren Inhalt zu überprüfen.

Reise in die Vergangenheit

Stell dir vor, du gehst in deinen inneren Keller. Hier ist alles aufbewahrt, was deine Vergangenheit ausmacht. Päckchen, Bilder, Papierrollen stehen herum. Nimm erst einmal die dort herrschende Atmosphäre wahr. Wie fühlt sich dieser Kellerraum an? Versuche ihn nun so zu gestalten, dass du es darin aushalten kannst. Vielleicht braucht er frische Luft, ein Fenster oder möchte aufgeräumt werden. Da es dein Kellerraum ist, kannst du ihn ganz deinen Wünschen gemäß umgestalten. Lass dir Zeit. Wahrscheinlich herrscht ein bestimmtes Gefühl dort vor. Beschließe, dich ihm zu widmen. Du kannst vielleicht auch die Pakete in drei Kategorien einteilen, in gute Erlebnisse, neutrale und schlechte. Beobachte, wie sich die Menge verteilt. Eine der Kisten springt dir ins Auge, und du beschließt, sie auszupacken. Den Inhalt dieser Kiste nimmst du mit in dein Tagbewusstsein und versuchst, dir über seine Bedeutung klar zu werden. Beobachte, wie sich dein Gefühl öffnet und welche Veränderungen nun in dein Leben treten können.

Ein altes Gefühl lässt sich immer auch in ein Gefühlsbild kleiden. Dieses hatte, bevor es bewertet wurde, immer eine Absicht, einen wirklichen Wunsch. Sobald du dir über diesen Wunsch klar wirst, kannst du es heilen und für den Wunsch Verantwortung übernehmen. Dann kann sich auch die Außenwelt ändern, denn du hast damit deine Ausstrahlung verändert, das innere magnetische Bild, was bestimmte Ereignisse auswählt und diese dann aufgrund seiner Ausstrahlung so anordnet, bis die Wahrnehmung „stimmt".

Wenn ich davon überzeugt bin, dass ich sowieso keinen Einfluss habe, um Veränderungen herbeizuführen, wird mir mein Leben dies auch bestätigen. Wenn ich glaube, der Liebe nicht wert zu sein, wird sich auch dies bestätigen und wenn ich glaube, dass mir kein finanzieller Erfolg zusteht, dann wird auch das wahr. Wenn ich mich selbst anerkenne und mir inneren und äußeren Reichtum wünsche, dann wird das genauso wahr. Nicht nur die „Karmawinde" regieren dein Leben, sondern auch dein Glaube. Im Buddhismus wird häufig erwähnt, dass die Motivation das Resultat einer Handlung ausmacht. Nicht so entscheidend ist, was wir tun, sondern warum und wie.
Sobald sich der Keller ein wenig geleert hat, wirst du merken, wie du freier und leichter wirst und zugleich auch Spiel- und Handlungsfreiraum gewinnst.

Vollmond im Stier

Nutze diesen Tag, um über die Ursachen und ihre Wirkungen zu meditieren. Alles, was ich aussende, kommt zu mir zurück. Jede meiner Handlungen hat ihre Konsequenz. Ich ernte immer nur die Früchte meiner Taten. Mein Körper ist der Tempel meiner Seele.

Mond in den Zwillingen (Merkur)

„Du bist, was du denkst."
Buddha

Bei Zwillingemond erwacht häufig die Reise- oder Besuchslust. Die Ideen, die sich beim Stiermond konkretisiert und eine Struktur bekommen haben, suchen jetzt einen Austausch. In gewisser Weise ist man sich selbst nicht mehr genug. Bei Zwillingemond erwacht auch das Bedürfnis, zu lernen und sich zu bilden. Was denken andere über das Thema, das dich beschäftigt? Die Energie ist flüchtig, leicht. Gedankliche Verknüpfungen können stattfinden. Der Geist ist unruhig, in Bewegung. Schnell fügen sich die Gedanken aneinander. Humor kommt auf, denn eine gewisse Distanz zu den Gefühlen entsteht. Wenn du soweit bist, dass du über dein Problem lachen kannst, ist schon die Hälfte gelöst, denn du kannst die Situation aus einer gesunden Entfernung überblicken. Was dich gestern noch belastet hat, kann heute schon ganz einfach sein. In der Schwingung des Zwillingemondes sucht der Geist nicht mehr nach Stabilität und Sicherheit, sondern nach einem kreativen Austausch, nach Kommunikation mit der Außenwelt. Worte werden wichtig, du kannst jetzt deine Wünsche formulieren, aufschreiben oder in kreativer Weise streuen. Das Leben bekommt ein spielerisches Element, nicht die Tiefe ist gefragt, sondern die intellektuelle Beweglichkeit. Freundschaften werden wichtig.

Reise in den Zwillingemond (Merkur)

Fühle, wie du bei jedem Atemzug von smaragdgrünem Licht erfüllt wirst. Stell dir vor, du begibst dich erneut auf eine Reise. Diesmal brichst du innerlich auf zu einem Ort, an dem sich all deine geistigen Freunde versammelt haben. Sieh dich um, wie ist die Atmosphäre dieses Ortes beschaffen? Welches gemeinsame Interesse verbindet diese Wesen? Was tun sie? Wie arbeiten sie zusammen? Eine Person löst sich aus der Gruppe heraus und heißt dich willkommen. Sie übergibt dir ein Buch, darauf steht dein Name. Der Inhalt dieses Buches berichtet von Themen, über die du Bescheid weißt, etwas, das du anderen mit Leichtigkeit vermitteln kannst. Blättere in diesem Buch und erkenne dich dafür an. Dann gibt die Person dir ein zweites Buch, darin ist alles festgehalten, was du weißt, aber nicht mitzuteilen wagst. Auch dieses Buch hat einen Titel. Schau ihn dir genau an. Öffne es und blättere um, bis du eine besonders wichtige Stelle findest. Lies dir ihren Inhalt kurz durch. Du kannst jetzt beschließen, dass du dein zweites Buch auch der Allgemeinheit zur Verfügung stellen wirst. Du kannst es wagen, es schrittweise zu veröffentlichen, denn es wird gut tun, mit diesem Thema in Austausch zu treten, um es zu heilen. Dann führt dich die Person in einen runden Raum, der leer ist. In seiner Mitte ist ein Springbrunnen. In diesen Springbrunnen stellst du dich. Du merkst, wie das Wasser deine Gedanken erfrischt. Nun kannst du deine Kommunikation verbessern. Sprich einen Wunsch aus: Ich möchte lernen .... mitzuteilen. Du erhältst nun von deinem Führerwesen einen Schlüssel, der diesen Bereich in deinem Körper aufschließen kann. Nimm wahr, wo sich dieser bisher verschlossene Bereich in dir befindet. Stell dir vor, in diesem Bereich erscheint eine Farbe in Form von Licht, welche die Essenz seiner Eigenschaft ausdrückt. Bitte um ein Wort, das den Eindruck zusammenfasst. Bitte um ein Symbol, was dir helfen wird, diesen bisher vernachlässigten Bereich zu erschließen. Vielleicht entsteht auch eine Erlaubnis in Form eines Satzes, die du nun dir selbst gegenüber aussprechen kannst. Fühle die Erleichterung, die sich einstellen könnte, wenn du diesen Bereich stärker in dein Leben integrierst. Bedanke dich bei deinem freundschaftlichen Führer und komme zurück.

Fragen zur Reise

Was haben deine geistigen Freunde gemeinsam? Wie ist die Atmosphäre des Ortes beschaffen? Welchen Titel trägt dein Buch? Wie fühlt sich sein Inhalt an? Wie lautet der Titel des zweiten Buches? Was steht an der Stelle geschrieben, die sich dir zeigt? Über welches Thema kannst du von nun an beginnen, dich auszutauschen? Welchen Raum deines Körpers öffnet der Schlüssel? Wie sieht der Schlüssel aus? Welche Farbe befindet sich in diesem Raum? Welches Wort passt zu dieser Farbe? Zu welchem Symbol formt sich das farbige Licht? Wie lautet die Erlaubnis, die du dir gibst?

Stell dir vor, deine Gedankenkraft nimmt die Form eines Tieres an. Von welcher Beschaffenheit ist diese Kraft? Was ist ihre Botschaft? In welcher Form nützt sie anderen? Wo kannst du sie kreativ einsetzen?

Wir sind, was wir denken, sagen weise buddhistische Meister. Es ist ganz wichtig, die Gedanken zu beobachten, ihnen freien Lauf zu lassen, sie immer wieder zu überprüfen, sie nicht zu unterdrücken, ihnen aber auch nicht absolute Macht zuzugestehen. Geschehen lassen ohne greifen ist hier die magische Zauberformel. Gedanken werden oft wie wilde Pferde oder Affen beschrieben, die überall herumtanzen und sich schwer zähmen lassen. Sobald ich ihrer gewahr bin, kann ich bemerken, wie sie die Wahrnehmung verzerren. Wie oft ertappe ich mich dabei, in Gedanken ganz andere Dinge zu tun, als der Moment erfordert. Gedanken sind das feinstoffliche Gerüst, das der Wahrnehmung eine Richtung gibt. Sie können alle möglichen Gefühle hervorrufen, je nachdem, wie sie sich verknüpfen. Nutze deine Gedanken, um mit deinen Emotionen zu spielen, sie geschmeidig zu machen. Es gibt eine einfache Übung, bei der man über einen längeren Zeitraum hinweg jeden Morgen gleich nach dem Aufwachen eine Seite unreflektiert schreibt und sich so allmählich durch die offensichtlichen Wiederholungen von festsitzenden Ansichten reinigt. Wenn ich zwanzig mal aufgeschrieben habe, dass mich etwas nervt, finde ich irgendwann auch einmal ein paar konstruktive Vorschläge in mir, wie ich das Thema ändern kann.

Der Zwillingemond führt ganz in den Moment. Ich sitze z.B. hier am Schreibtisch und denke jetzt –zwar bisweilen in die Zukunft und in die Vergangenheit hinein, Tatsache ist aber, ich sitze jetzt am Schreibtisch und bin für meine Gedanken verantwortlich, die entstehen und auch wieder vergehen. Von hier aus betrachtet gleicht das Leben einer Spielwiese, auf der ich mich tümmeln kann, denn die einzige Verpflichtung, die ich – jetzt – habe, ist, meine Gedanken zu ordnen und in verständliche Worte zu kleiden.

Ist in deinen Gedankenmustern Raum für Wunder? Kommen Engel oder andere Geistwesen vor, deren Kräfte wirken können? Sind deine Gefühle leicht oder schwerfällig? Bist du zufrieden mit dem Austausch, der heute stattgefunden hat? Hast du deine wahren Gefühle mitgeteilt oder einfach nur geplaudert? Hast du etwas Neues studiert? Lebst du in einer Umgebung, die dich geistig fördert? Oder halten dich die anderen für ganz nett, aber für verrückt oder etwas dümmlich? Kommst du mit dem Moment klar? Was fehlt?

Im Buddhismus gibt es eine Meditationsform, die wird Vipassana genannt. Bei dieser Meditation kommt es darauf an, den Geist in seiner Beweglichkeit anzuerkennen und zu beobachten, ohne nach etwas zu greifen. Wenn dein Geist in seiner natürlichen offenen Weite verweilt und du deine Achtsamkeit auf deinen Atem richtest, kannst du im Jetzt ganz wach sein und Frieden stellt sich ein. Sobald du merkst, dass deine Gedanken wieder abschweifen, richtest du deine Aufmerksamkeit einfach und freundlich wieder auf deinen Atem und kehrst so zu deiner Mitte zurück. So kann sich das Ego mit seiner Tendenz, nach den Gedanken zu greifen, allmählich auflösen und reines Gewahrsein erwachen. Dieser Zustand wird Vipassana genannt, klares, einzigartiges Sehen – und statt in die Emotionen der Gedanken zu fallen, werden diese einfach nur betrachtet und ohne Bewertung anerkannt. Dann kehrst du wieder zu deinem Atem zurück. So können Subjekt, Objekt und Handlung zum Sein verschmelzen und dein Geist fühlt sich in sich selbst Zuhause umso mehr, je öfter du diese Übung wiederholst, denn er lernt dem entstehenden Raum zu vertrauen.

Mond im Krebs (Mond)

„Wer mich in allem sieht und alles in mir sieht, dem gehe ich nicht verloren, und er geht mir nicht verloren."

Baghavadgita, 6,30

Das Thema dieses Mondzeichens ist das Vertrauen. Mond befindet sich hier in seinem eigenen Zeichen. Nun ist die Zeit günstig, um die spielerischen gedanklichen Verknüpfungen rückzubinden, d.h. zu überprüfen, ob du auch wirklich fühlst, was du denkst. Jedes Lebewesen hat eine Mutter, dies ist ein kosmisches Gesetz. Jedes Lebewesen auf der Erde wurde geboren, dies ist ebenfalls

Gesetz. Wir sprechen von Mutter Erde, der Milchstraße, dem kosmischen Ei, aus dem alles entstand, oder auch dem Urozean, einem Gewässer, aus dem alles Leben hervorging. Geburt hat immer auch etwas mit dunkler Ungewissheit zu tun, ist ein Punkt, bei dem etwas stirbt, um zu werden. Beim Neugeboren stirbt die Erinnerung an seine kosmische Verbundenheit und bei der Mutter der Lebensabschnitt, in dem sie nur für sich selbst da sein konnte. Aus dem Mädchen wird die Mutter und aus dem kosmischen Wesen das Kind. Beide verlieren etwas, um die neue Ebene betreten zu können. Bei Mond im Krebs geht es um diese Mutter-Kind-Bindung, sei es im kosmischen oder auch im irdischen Sinn. Wenn wir niemanden haben, dem wir unser Vertrauen uneingeschränkt schenken können, verkümmern wir. Man gleicht dann einem Baum ohne Wurzeln oder hat das Gefühl, nirgends dazuzugehören, so lang bis man „es“ findet. Es gibt gute Umgebungen und schlechte, förderliche Familien und behindernde, das Zuhause spiegelt häufig unsere Vorstellung von der verinnerlichten Mutterenergie wider.

Von der Mutter lernt das Kind zu lieben, denn es hängt für eine ganze Weile völlig von ihr ab. Dieses Mutterbild wird verinnerlicht und genauso wie die Mutter uns behandelte, behandeln wir uns selbst – weil wir es so lernten. Es ist ganz wichtig, die Mutter-Kind-Beziehung zu klären, denn über diese Bindung werden häufig unbewusste, unverarbeitete Geschichten weitergegeben, die sich womöglich schon seit mehreren Generationen entwickelt haben. Wir übernehmen zunächst alle unbewussten Wünsche unserer Mutter, all ihre Sorgen und all ihre Ängste. Die Mutter als erstes Maß der Liebe bestimmt die emotionalen Beziehungen, die wir eingehen. Häufig kann man gar nicht anders, als erst einmal die Familiengeschichte zu wiederholen. Denn das angelernte Liebesmuster wirkt und spinnt seine Fäden, auch wenn es völlig abgelehnt wird. Um die innere Quelle zu finden, das wirkliche Vertrauen, das frei ist von Prägungen, muss ich mir erst über meine Mutterbeziehung klar werden, verzeihen, falls es etwas zu verzeihen gibt, und dann suchen. Sonst bleibt das Vertrauen blockiert. Ohne Vertrauen ist jedoch ein glückliches Leben nicht möglich, denn es fehlt das Gefühl des Eingebundenseins, die kosmische und irdische Nahrung kann nicht angenommen werden, man kann nicht genug empfangen. Mond im Krebs eignet sich gut, um zu reflektieren und zur Imagination. Der Krebs bewegt sich seitwärts, d.h. im übertragenen Sinn hat er den zurückgelegten *und* den vor ihm liegenden Weg im Blickwinkel. Für die Krebsenergie gibt es keine lineare Zeit, Zeit spielt keine Rolle. Die vom Ego strukturierte Geschichte nimmt ihren Verlauf, ob man eingreift oder es lässt. Wichtig ist, ob du bereit bist, dich ihr hinzugeben oder nicht.

Reise in den Krebsmond (Mond)

Stell dir vor, du begibst dich wieder auf eine Reise. Silbernes Licht erfüllt deinen Körper. Das Ziel ist ungewiss, wird dich aber zu einer Höhle führen. Dort steigst du Stufen hinunter, tiefer und tiefer. Die dich umgebenden Mauern werden enger, so eng, dass es nur noch dich und die vor dir liegende Öffnung gibt. Am Ende dieses kanalartigen Weges erwartet dich eine Quelle. Du erkennst sie. Es ist deine Quelle, der sichere Ort deines uneingeschränkten Vertrauens. Schau dich um, wie fühlt sich dieser Ort an? Er ist derart, dass du dort sein so kannst, wie du bist. Du kannst dich dort ganz gehen lassen und völlig wohlfühlen. Du kannst dich hier reinigen, sammeln, nähren, das Wasser der Quelle wird all deine Gefühle beleben. Ein Wasserwesen taucht auf und übergibt dir ein Geschenk, etwas, das dir Kraft geben kann und dein Vertrauen unterstützt. Dieses Geschenk ist ein magisches Geschenk und vermag in Zukunft die Verbindung zu deiner Quelle herzustellen, falls du sie einmal verlieren solltest. Bewahre dieses Lichtgeschenk an einem sicheren Ort in deinem Körper auf. Spüre seine Wirkung. Was verändert sich in dir? Spüre, hier an deiner Quelle, welches Geschenk es ist zu leben und zu fühlen. Du weißt jetzt auch, woher du kommst und warum du da bist. Bitte nun die Quelle um ein Bild, das dich mit deiner Mutter zeigt. Vielleicht ist es eine Szene, bei der noch Vergebung stattfinden sollte. Gibt es eine Farbe, die das damalige Problem beschreibt? Gibt es eine Farbe für dessen Heilung? Wie sieht dein inneres Kind aus, was wünscht es sich von der Mutter? Was braucht es von dir, um diese Situation heilen zu können? Was braucht deine Mutter von dir in dieser Situation? Vielleicht brauchte es ein Versprechen von dir, vielleicht eine Berührung oder ähnliches. Vergib deiner Mutter, erkenne, dass sie aufgrund ihrer eigenen Geschichte nicht anders handeln konnte und erlöse das Gefühl, das dein inneres Kind in der Szene spürt. Verweile in der Szene solange, bis sie sich gut anfühlt. Triff eine neue Entscheidung, wie du in Zukunft mit dem Thema, das sich dir zeigt, heilsamer umgehen kannst. Dann springe in deine Quelle und erfrische dich in ihrem Wasser. Spüre wie das dort lebende Wasserwesen dir dabei seine Kraft überträgt. Sei dir bewusst über die Qualität dieser Kraft. Jetzt bedanke dich und verabschiede dich von dem Ort und kehre wieder in dein normales Bewusstsein zurück.

Fragen zur Reise

Wie fühlt sich deine Quelle an? Wie sieht das Wasserwesen aus, das sie bewohnt? Welches Geschenk erhältst du von ihm? Warum bist du da? Welche Szene mit deiner Mutter erscheint dir vor deinem inneren Auge? Wie ist die farbliche Qualität des Problems? Wie sieht die Farbe der Heilung aus? Was braucht dein inneres Kind? Was braucht deine Mutter? Was hilft euch beiden in dieser Situation weiter? Wie lautet deine neu getroffene Entscheidung?

Male deine Quelle. Sorge dafür, dass sich ihre Umgebung für dich gut anfühlt. Welche Atmosphäre entsteht an diesem Ort?

Reflexion über seelische Nahrung

Nährst du deine Seele wirklich und ausreichend? Was braucht deine Quelle, um nicht zu versiegen? Was nährt dich?

Erstelle eine Liste von Dingen, die du brauchst, um dich geborgen zu fühlen. Entwerfe ein Bild, das stimmig ist.

Überprüfe, inwiefern deine Lebenssituation mit dem, was deine Seele braucht, übereinstimmt. Falls dies nicht der Fall sein sollte, suche nach Glaubenssätzen, die dir deine Nahrung nicht zubilligen und löse sie dann auf, indem du sie so veränderst, dass sie in ihrer Aussage für dich sorgen.

Vom Umgang mit dem Schatten

Der Krebsmond ist auch dazu geeignet, dir zu zeigen, was dich davon abhält, dich genährt und umsorgt zu fühlen. Irrationale Ängste könnten sich ausbreiten, deren Form du vielleicht nicht kennst. Wenn du heute sterben würdest, was hättest du dann noch zu lösen? Wärst du bereit für eine Neugeburt, oder würdest du bestimmte Gefühle mitnehmen? Versuche dich mit deiner Hauptangst auseinander zu setzen. Sprich mit ihr.

Schattenreise

Stell dir vor, du reist an einen unheimlichen Ort. Dieser wirkt bedrohlich auf dich. Du sitzt dort und nimmst erst einmal seine Schwingung wahr. Wovor hast du Angst? Du rufst ein Wesen deines höheren Bewusstseins um Hilfe, das an deiner Seite diesen Ort erfahren wird. Schau, wie dieses Wesen aussieht. Welche Kraft verkörpert es? Das Lichtwesen nimmt dich hier in den Arm, du kannst dich völlig beschützt fühlen. Frage diesen Ort, welche Kraft er von dir bindet. Spüre eine klare Antwort in dir. Bitte das Lichtwesen an deiner Seite um ein Geschenk, dass dir helfen kann, diese Angst zu überwinden. Fühle jetzt den Unterschied zu vorher. Mit diesem Geschenk wird es dir gelingen, dich vor zukünftigen Ereignissen, die diese Angstenergie beinhalten könnten, zu schützen. Bewahre das Geschenk an einem geeigneten Ort in dir auf. Du kannst jetzt den Ort verlassen und in dein Alltagsbewusstsein zurückkehren.

Fragen zur Reise

Beschreibe das Wasserwesen. Welche Kraft verkörpert es? Beschreibe die Bedrohung, die du an dem unheimlichen Ort empfindest. Welche deiner Kräfte bindet er? Welcher Art ist das Geschenk, das du erhalten hast? Wie kann es dich schützen? Was fühlt sich mit Hilfe des Geschenkes anders an? Welcher Teil deines Körpers braucht das Geschenk?

Untersuche deine Angst so lange, bis du sie greifen kannst, bis sie dir bewusst wird. Dann löst sie sich auf. Vielleicht kannst du jetzt bewusste Entscheidungen treffen: Ich erlaube mir... , es steht mir zu, dass.... , ich brauche..... usw. Schreibe dir alle diese Entscheidungen auf.

Der Krebsmond eignet sich auch, um sich im Verzeihen zu üben. Solange du nicht verzeihen kannst, bleibst du mit der Energie, die dich zu bedrohen scheint, verbunden. Vergebung hat immer dann stattgefunden, wenn du dir vorstellen kannst, den anderen aus ganzem Herzen zu umarmen. Falls etwas in dir diese Vorstellung verhindert, gibt es dort noch etwas zu lösen.

Male ein Bild von deiner Schattenseite. Keine Angst vor dunklen Seiten! Sie sind nur mächtig, solange sie verkümmert in der Ecke des Bewusstseins lauern und keiner sie beachtet. Dann entfalten sie ihre Wirkung hemmungslos, denn egal, wie du dich bemühst, werden sie sich nicht ändern oder mit den anderen Teilen deiner Persönlichkeit zusammenarbeiten, denn die innere Überzeugung dieser vernachlässigten Teile ist ja: Ich gehöre nicht dazu – man möchte mich loswerden – ich werde sowieso nicht beachtet usw. Deshalb führen die Schattenanteile auch eine Art Eigenleben, das sich häufig konträr zur Gesamtpersönlichkeit entwickelt oder ihrer Grundmotivation entgegenwirkt. Kaum geht etwas schief, werden die Schattenanteile wach und rufen: Siehst du, ich habe es ja gleich gewusst, du taugst nichts, alles ist immer umsonst. Diese Anteile sprechen übrigens mit Vorliebe von immer und nie, sie sind sehr absolut in ihren Behauptungen und haben immer Recht. Sie sind so stark verletzt worden, dass fast nichts zu helfen scheint oder einen Sinneswandel bewirken könnte. Es sei denn, man hört ihre Botschaft und stellt fest: Ich lebe ja tatsächlich so, dass sich diese Prophezeiungen erfüllen! Die Schattenanteile wurden schon immer vernachlässigt, erst von anderen Personen, später von der eigenen. Sie brauchen ganz viel Liebe und Verständnis, damit sie sich wandeln können, sie wollen angenommen werden, denn sie verkörpern solch starke Verletzungen, dass man schon fast ihren

Ursprung vergessen hat. Sobald es gelingt, sich ihnen anzunähern, entsteht Vertrauen und große Kräfte können sich befreien und integriert werden. Es ist ein langer, aber sehr lohnender Prozess sich mit den „Schatten“ auseinander zu setzen.

Du kannst dir eine Farbe vorstellen, die ein solch schwarzer Schattenaspekt braucht. Male ihn, lass ihn sprechen, freunde dich mit ihm an. Was hat die Welt von dir, wenn du z.B. nicht an deine Fähigkeiten glauben kannst, weil ein Schattenaspekt in dir mit seinen Glaubenssätzen herumspukt? Sie liegen dann brach.

Vollmond im Krebs

Stell dir vor, in dir wächst das Bild einer wunderbaren Urmutter. Diese Mutter hat alle Eigenschaften, die dich wirklich zu nähren vermögen. Betrachte das Bild. Im Schutz dieser Mutter stellen sich dir alle Menschen gegenüber, mit denen du noch etwas zu klären hast. Sage jeweils einen Satz zu ihnen, vielleicht, wie und wann sie dich verletzt haben und stell dir dann vor, wie hellblaues Licht aus deinem Herzen ausstrahlt und die vor dir Versammelten im Herzen berührt. Sage, ich vergebe euch, ihr konntet nicht anders, ich bin jetzt für mich selbst verantwortlich und vertraue mich dem kosmischen Schutz an. Fühle, wie dich nun hellblaues Licht ummäntelt und Friede in deinem Herzen entsteht. Damit verbunden wächst eine gewisse Leichtigkeit sowie Vertrauen. Genieße es, ganz im Schutz deiner „guten“ Mutter zu stehen und lasse dich von ihr so berühren, wie es dir gut tut.

Schreibe einen Brief an dein inneres Kind, in dem du ihm erklärst, was in der Vergangenheit passiert ist und wie du von jetzt an gerne Verantwortung für sein Wohlergehen übernehmen möchtest. Schreibe einen zweiten Brief, in dem dein inneres Kind auf das Geschriebene antwortet.

Mond im Löwen (Sonne)

„Sei ohne Angst, sei nicht verwirrt, weil du meine so furchterregende Gestalt gesehen hast. Schaue nun wieder die meine andere (friedliche) Gestalt, frei von Furcht und frohen Herzens."

Baghavadgita 11,49

Alles drängt nach Selbstausdruck, Abenteuer und mutiger Selbstbehauptung. Sonnenkraft und Gastfreundschaft erwachen. Vielleicht steht dir der Sinn nach Feiern und Gesellschaft. Spüre, wie sich dein „ich bin" anfühlt. Nutze Chancen zum Wachstum und zur Präsentation. Gute Laune und Freude können sich ausweiten. Erkenne deine Großzügigkeit. Herzenswünsche werden wahr. Fühle die Liebe, die aus dem Zentrum strahlt. Alles geht leichter mit einem positiven Eingestimmtsein und Optimismus. Möglicherweise fühlst du dich energiereicher als an anderen Tagen.

Bei Mond im Löwen stellt sich die Frage: Wie strahlst du nach außen? Kannst du dich durchsetzen und deinen Standpunkt vertreten? Lebst du in Einklang mit deinem Herzen und kannst du deine Liebe zum Leben ausdrücken? Das, was aus dir herausstrahlt, kommt zurück. Andere nehmen deine Ausstrahlung wahr. Widme diese Tage der Schönheit und kultiviere deinen Schönheitssinn. Kreativ sein ist alles. Glaube auch an dich selbst. Deine Wirkung ist gefragt, wie wirkst du auf andere? Kannst du ihnen Sicherheit geben, sie aufmuntern, glücklich machen? Richte deine Wohnung ein (dein Krebsheim), gestalte sie so, dass sie dich inspiriert. Hast du Sinn für Ästhetik, bist du eine Heldin?

Reise zum Löwemond (Sonne)

Zur Entspannung löst sich aus dem kosmischen Regenbogen jetzt ein rubinroter Lichtstrahl und tritt durch deine Fußsohlen in deinen Körper, bis dieser ganz davon erfüllt ist. Gelöst machst du dich wieder auf den Weg zu deiner Quelle. Genieße dort das frische Wasser und nimm die Kraft wahr, die durch deine Quelle fließt. Stell dir vor, du begibst dich von da aus auf die Suche nach dem Ort, an dem sich dir dein Herzenswunsch erfüllt. Wie sieht dieser Ort aus, welche Atmosphäre herrscht dort vor? Fühle dich ein, wie bist du an diesem Ort, wie geht es dir? Falls du glücklich bist, suche nach drei Qualitäten, die dein Glück jetzt ausmachen. Finde ein Symbol für dieses persönliche Erfülltsein. Du triffst an diesem Ort ein Wesen, dass für dich die vollkommene Liebe und Herzensgüte verkörpert. Du kannst nun dieses Wesen um Rat bitten, einen Rat, der dich auf dem Weg zur Erfüllung deines Herzenswunsches begleiten wird. Verinnerliche diesen Rat und suche erneut einen Ort im Körper, der dein Symbol der Erfüllung aufnimmt. Spüre die heilsame Wirkung und verspreche dir, dass du dich erinnern wirst, wenn du es einmal brauchen solltest.

Frage das Symbol, was es in dir heilen wird. Dann bedanke dich bei dem Wesen und kehre zurück.

Fragen zur Reise

Wie lauten die drei Qualitäten deines persönlichen Glücks? Wodurch wird dieser Ort besonders? Durch welches Symbol drückt sich deine Wahrnehmung von Glück aus? Wie sieht das Liebeswesen aus? Wie lautet der Rat, der dich bei deiner Suche nach der Erfüllung deines Herzenswunsches begleiten kann? Wo in deinem Körper befindet sich der geeignete Ort für das Symbol? Was in dir wird dadurch geheilt?

Erfinde eine Priesterin der Neuzeit – welche Eigenschaften würdest du ihr zuordnen? Wie würde sie handeln?

Wo viel Licht ist, ist auch viel Schatten

Lasse dein Bewusstsein aus dem gefundenen inneren Glück heraus strahlen und finde mit diesem Gefühl deinen Weg. Dann suche den Ort deines Glückes. Von hier aus kannst du gesunde Entscheidungen treffen, die dich wirklich weiterführen. Dein Schatten wird mitmachen, wenn du ihm zuvor deine Aufmerksamkeit geschenkt hast. Nur kann man kein Glück finden, ohne die Schattenaspekte zuvor konsultiert zu haben, denn die Zweifel werden zu stark sein, „du lügst, Märchen gibt es nicht, ich glaube nicht an eine bessere Welt, es bringt ja doch nichts usw." Auch brauchen die Schattenaspekte bestimmte Sicherheiten und Zusicherungen, die du ihnen geben kannst, wenn du sie kennst. Dazu brauchst du allerdings Kontakt. Ein Schattenanteil spricht mit keinem Unbekannten, auch nicht mit jemandem, der ihn von vornherein ablehnt oder loshaben will. Man kann sich keiner Verhaltensmuster entledigen, man kann ihnen höchstens verständnisvoll begegnen und allmählich ein vertrauensvolles Verhältnis zu den nicht integrierten Teilen der Persönlichkeit aufbauen. Wenn du deine Stärke kennst, kannst du dich auch dem Schwachen in dir zuwenden. Ganz wichtig ist die eigene innere Arbeit: Nur wenn ich meine Bedürfnisse und Ängste kenne und anerkenne, ist es mir möglich, meinen Geist flexibler zu gestalten und sein wirkliches Potenzial zu entfalten. Alles Gelernte muss ich immer wieder in Bezug zu mir selbst, meinem inneren Kern, setzen können. Die Löweenergie neigt zum Idealisieren, sucht manchmal die Perfektion. Versuche nicht, ein perfekter Mensch zu werden, Vollkommenheit ist eigentlich Ganzheit – ist völlig wertfreies Annehmen, von dem, was ist. Es geht nicht darum, frei von etwas zu sein, sondern die Freiheit der Entscheidung in jedem Augenblick zu finden, Handlungsfreiraum zu gewinnen, damit sich die Bedürfnisse klarer formulieren können, die den Weg des Herzens einschlagen lassen.

Sonnenreise

Stell dir vor, wie dich goldenes Licht durchflutet. Mit Hilfe dieses Lichts kannst du nun versuchen, dein „ich bin"-Gefühl aufzuspüren. Suche es im Körper, an welcher Stelle findest du die größte Resonanz? Dort liegt auch deine Mitte. Wie fühlt sich diese Stelle an, ist sie stark, schwach, gelöst usw... Versuche diesem Gefühl ein Tier oder eine Pflanze zuzuordnen. Worin liegt deren Stärke? Welche Nahrung braucht es/sie? Wie wächst das Wesen? Was braucht es für seine Entwicklung? Du kannst jetzt spüren, wie es sich anfühlt, wenn du ganz in deiner Mitte bist. Frage dein Unterbewusstsein nach einem Symbol, das dir hilft, in deine Mitte zu kommen, falls du sie verloren hast. Kehre zurück in dein Alltagsbewusstsein.

Fragen zur Reise

Welcher Teil deines Körpers trägt das Ich-bin-Gefühl? Welches Tier oder welche Pflanze repräsentieren dieses Gefühl? Was ist deren Stärke? Welche Nahrung braucht sie? Unter welchen Bedingungen kann Wachstum stattfinden? Was erleichtert die Entwicklung? Wie sieht das Symbol der Mitte aus? Male das Symbol und das Tier/die Pflanze.

Vollmond im Löwen

In dieser Meditation kannst du dich in ein strahlendes Lichtei verwandeln. Dieses Licht-Ei ist in sich geschützt und du kannst hierin vollkommen glücklich sein. Stell dir vor, wie die drei gefundenen Qualitäten von Glück aus deinem Herzen strahlen und deine Umwelt erfüllen. Verweile in diesem Zustand so lange es dir möglich ist und öffne dein Bewusstsein nach allen Seiten. Aus dem Licht-Ei strahlen jetzt alle Farben des Regenbogens in alle Himmelsrichtungen.

Mond in der Jungfrau (Vesta)

„Das königliche Wissen, das königliche Geheimnis, das höchste Mittel zur Reinheit ist dies: durch unmittelbare Erfahrung zu verstehen, heilvoll, unvergänglich und sehr angenehm, es zu verwirklichen."

Baghavadgita, 9,2

Diese eher kritische Energie eignet sich gut, um die Gegenwart genau unter die Lupe zu nehmen. Sind deine Lebensumstände so, dass du dich gut versorgt fühlst? Gibt es Menschen, die im Moment deine Hilfe brauchen? Gibt es Unerledigtes, das du nicht länger aufschieben solltest? Der Jungfraumond unterstützt jede Form der Ordnung. Miste aus, befreie dich von energetischem und materiellen Müll. Auch deine Pflanzen freuen sich, wenn du ihnen heute besondere Pflege angedeihen lässt. Spüre, wie sich deine Lebensbatterien aufladen, wenn du dich um etwas kümmerst - das, was wir anderen geben, empfangen wir selbst. Vielleicht erinnerst du dich heute besonders deiner sozialen Verantwortung. Jeder Mensch trägt zu der Gesamtsituation Erde bei, auch du. Welches kleine oder größere Projekt steht an, um diese Situation zu verbessern? Die Jungfrauenergie trägt in sich das Bewusstsein, dass gerade die kleinen Dinge wichtig sind. Spiritualität zeigt sich im Alltäglichen. So wie ich mich gebe, bin ich. Reinigung steht an. Reinige deine Wahrnehmung, deine Umgebung und deine energetischen Zentren. Der Bewusstwerdungsprozess ist eigentlich mit dem Zeichen Löwe abgeschlossen. Wenn du deine Mitte gefunden hast, möchte deine Energie eingesetzt werden, eingebunden in eine soziale Struktur. Du kannst jetzt Verantwortung übernehmen, denn du kennst dich selbst.

Reise in den Jungfraumond (Vesta)

Rosafarbenes Licht durchflutet dich, bis du von seiner Qualität erfüllt bist und so reist du erneut zu deiner Quelle. Schaue dich um, und verändere die

Szene so, dass du dich gut versorgt und aufgehoben fühlst. Nun kannst du ein erfrischendes Bad nehmen und dabei alles, was dich belastet, von dir abwaschen. Deine Quelle verfügt auch über Heilkraft. Sollte es irgendwo Wunden in dir geben, werden diese jetzt von dem heilenden Wasser gestillt. Wenn du so gereinigt aus der Quelle steigst, liegt dort ein weißes Kleid für dich bereit. Du ziehst es an, und sammelst in der Umgebung Stöcke, Holz und Blätter für ein Feuer das du entzündest. Es dient zum einen als Opfergabe für dein höheres Bewusstsein, zum anderen kannst du darin auch Erinnerungen verbrennen, die dich bis jetzt belasten. Bitte dein Unterbewusstsein um das Bild eines Gegenstandes, den du verbrennen kannst. Dieser Gegenstand repräsentiert etwas, dass dich immer wieder daran hindern kann, dich gesund zu fühlen und dich ganz einzusetzen. Werfe ihn erst dann ins Feuer, wenn du dich ausreichend von ihm verabschiedet hast. Während der Gegenstand verbrennt, kannst du vielleicht eine gewisse Erleichterung spüren. Jetzt nähert sich dir wieder ein weises Wesen, das seine Freude über dein Opfer ausdrückt. Dieses Wesen gibt dir jetzt einen Rat, wie du deine Energien auf klügere Art einsetzen kannst. Dann führt dich dieses Wesen zu einer heiligen Naturstätte. Hier soll ein Ritual stattfinden, dass dich in Zukunft tiefer in deine Umwelt einbinden kann. Deine soziale Rolle mag sich hierdurch verändern. Das Wesen erklärt dir nun das Ritual, das genau auf deinen jetzigen Bewusstseinsstand zugeschnitten ist. Du wirst in einen verborgenen Aspekt deines Selbst eingeweiht, der dir in naher Zukunft ins Bewusstsein treten kann und über heilende Kräfte verfügt. Wenn du diesen Aspekt stärker ausbildest, können sich deine Heilkräfte besser entfalten. Schaue nun, auf welcher Ebene du über diese verfügst. Dir wird jetzt auch ein Teil deiner Selbst begegnen, der gegen diesen bisher verborgenen Aspekt rebelliert hat, den du als Rolle spieltest, um den anderen zu unterdrücken. Lasse den Rebellenanteil getrost los, denn er hindert dich nur bei der Entwicklung deines wahren Potenzials. Schließe nun dein Ritual ab, indem du die Arme v-förmig nach oben richtest und so die Energien des Himmels mit denen der Erde verbindest. Spüre deine gesammelte Kraft. Gib dieser Kraft eine Farbqualität. Die weise Person nimmt dich jetzt in ihre Arme. Du kannst dich ganz fallen lassen, sie wird dich stützen und aufnehmen. Auch von ihr bekommst du ein Geschenk, etwas, das dich an deine Heilkräfte erinnern kann, wenn du sie brauchst. Dieses Geschenk ist die Essenz deiner Kraft, nimm ihre Qualität wahr. Dann löschst du dein Feuer und kehrst zurück ins Tagesbewusstsein.

Fragen zur Reise

Welchen Gegenstand verbrennst du? Auf welche Weise hat er dich daran gehindert, dich ganz einzulassen? Wie sieht dein Weisheitswesen aus? Wie sind deine heilsamen Energien beschaffen? In welches Ritual führt dich das Weisheitswesen ein? Von welcher Rolle kannst du dich jetzt lösen? Welches Geschenk erhältst du zur Unterstützung deiner Heilkraft? Beschreibe die Qualität seiner Kraft.

Male ein Bild über dein Erlebnis.

Mond in der Jungfrau sorgt auch für eine angemessene Ernährung. Welche Seiten deines Wesens brauchen Nahrung? Gestehst du dir diese Nahrung zu? Eine gute Übung besteht darin, dass du dir das, was du dir am meisten wünschst, selbst gibst. Dann kommt es auch nach dem Spiegelprinzip wieder zu dir zurück. Anstelle eines Mangels erfährst du jetzt Fülle. Vielleicht gibt es auch noch verschiedenes zu lernen. Dein Körper ist der Tempel deiner Seele. Er möchte gut behandelt werden. Trete in Kontakt mit der Erde. Gehe hinaus in die Natur, kümmere dich um deinen Garten oder setze dich unter einen Baum. Das organische Leben und Wachstum der Natur inspiriert die Seele, die sich auf gleichem Weg entfaltet. Nicht jede Pflanze gedeiht überall, manche unterstützen sich, andere behindern sich. Unkräuter können Heilkräuter sein, je nachdem, wo sie stehen. Heute ist ein guter Tag, um der Erde zu danken. Pflücke einen Blumenstrauß oder suche dir einen schönen Stein, etwas, das dich an die Schönheit der Erde erinnert. Trage dir das Leben ins Haus.

Die Jungfrauenergie wird häufig mit den vestalischen Priesterinnen des alten Roms in Verbindung gebracht. Diese Frauen lebten bis zu ihrem vierzigsten Lebensjahr alleine, nicht sex-, aber partnerlos, ganz dem Dienst der Göttin geweiht und sorgten dafür, dass das göttliche Herdfeuer im Tempel niemals erlosch. Mit vierzig konnten sie sich erneut entscheiden, ob sie weiterhin Priesterinnen blieben oder eine Ehe eingehen wollten.

Hinter dieser Frauenrolle verbirgt sich eine Symbolik, die später von den christlichen Nonnen teilweise nachgeahmt wurde. Ein

Teilaspekt der Psyche bleibt anscheinend phasenweise unberührt von männlich-weiblichen Beziehungen, es ist der heiligste Aspekt des Weiblichen, der sich bisweilen aus der Partnerschaft zurückzieht, um sich ganz frei der Göttin anzuvertrauen. So empfängt er Reinigung und kann entstandene Verletzungen heilen, nicht mehr stimmige Kompromisse, die im Alltagsleben eingegangen wurden, überprüfen und neue Entscheidungen treffen. In der Jungfrauenergie ist auch sehr stark der buddhistische Boddhisattva-Gedanke enthalten. Sobald ich selbst „geläutert" bin und in Kontakt mit meiner Gottheit trete, öffnet sich mein Herz und ich kann nicht anders, als das Empfangene weiterzugeben.

Vollmond in der Jungfrau

Stell dir vor, wie bei jedem Einatmen weißes, strahlendes Licht deinen Körper erfüllt und bei jedem Ausatmen alle Blockierungen und Ängste in Form von schwarzem Rauch deinen Körper verlassen. Verweile in diesem Atemprozess so lange, bis du dich leicht und frei fühlst. Dann kehre den Prozess um und visualisiere, wie du alle Ängste und Blockierungen deiner Umgebung einatmest und weißes Licht ausatmest. Wenn es dir zu viel wird, wechsle erneut über zu dem weißen Licht, das du einatmest.

Mond in der Waage (Venus)

„Erblicke nun,..., hier in meinem Körper in einem das ganze Universum, das Bewegliche und das Unbewegliche, und was du sonst noch zu sehen begehrst. Doch kannst du mich mit diesen deinen Augen nicht sehen. Das himmlische Auge gebe ich dir. Schaue nun meine göttliche Wundermacht."

Baghavadgita, 11,7/8

Die Energie des Waagemondes ist leicht, ein wenig träge, vergnüglich. Mond hat den Tierkreis jetzt zur Hälfte durchschritten, deine Persönlichkeit hat sich geformt, du hast soziale Verantwortung übernommen und bist damit ein ganzes, geerdetes Wesen, das nun bereit ist, eine reife Partnerschaft einzugehen. Die Waageenergie braucht immer ein Gegenüber, um sich selbst reflektieren zu können. Welche Person habe ich aufgrund meiner Persönlichkeit so ausgewählt, dass sie sich auf wunderbare Weise mit mir ergänzt? Nicht immer erkennt man die Vorteile einer Partnerschaft auf den ersten Blick und doch hat der andere meist genau das, was einem selbst fehlt.

Aus der Sicht der Waage betrachtet befindet sich die Welt in völligem Gleichgewicht. Opfer und Täter, Herrschende und Dienende, Männer und Frauen, Große und Kleine bilden Paare, die jeweils einen Pol der Dualität bilden. Diese oppositionellen Gegenspieler haben jedoch alle auch ein gemeinsames Thema, das sich nur so ausdrücken kann. In der Schwingung des Waagemondes können wir nach Lösungen suchen, die „sowohl als auch" beinhalten. Unsere männliche und weibliche Seite streben immer nach Vereinigung und suchen spielerisch einen gemeinsamen Nenner. Nicht immer geht die Suche glimpflich ab, es gibt sogenannte Wachstumsstörungen, Kämpfe, die ausgetragen werden, damit sich das weibliche und männliche Potenzial entwickeln können. Wenn ich immer die gleiche Rolle spiele, kann ich mich nicht entwickeln, sondern stagniere. Aus der Vogelperspektive betrachtet, gehören alle Beteiligten immer gleichberechtigt zu einem Thema. Täter und Missbrauchsopfer, Schläger und Geschlagene,

Chef und Untergebener, Lehrer und Schüler usw. Alle streben nach Vereinigung, selbst wenn die zu überwindenden Gegensätze die seltsamsten Formen annehmen. Diese vereinigende, bindende Energie ist die harmonische Kraft der Waage, die dafür sorgt, dass alle Kräfte stets ausgeglichen wirken. Nach diesem Prinzip gibt es auch keine Aufgaben, die nicht bewältigt werden können, denn wenn mir eine begegnet, habe ich auch die Kraft, sie anzunehmen, sonst hätte ich sie nicht anziehen können. Der Partner, den ich mir gewählt habe, ist genau der Richtige für mich, denn über ihn kann ich lernen, meine persönliche Form der Liebe zu entdecken. Wenn ich es jetzt schaffe, auf Bewertungen zu verzichten, dann habe ich schon eine kleine Facette der Liebesfähigkeit gefunden, die sich tiefer zu leben lohnt. Schönheit wächst aus Liebe, Ästhetik ist Harmonie und Liebe ergibt sich aus der Form der Begegnung. Liebe hat wenig mit den emotionalen Bindungen zu tun, die wir während der Krebsenergie eingegangen sind. Wir suchen in der Waage nach einem kreativen Austausch, einem Spiel, einem Tanz, der stattfindet, weil sich zwei reife Seelen getroffen haben. Bei diesem Austausch gibt es auch Raum, Luft und Bewegung.

Weil nur wenige Menschen wohl zu einer solch reifen Liebe bereit sind, gibt es auch nur wenige Berichte über wirkliche Seelenbegegnungen, die sich im Alltag bewähren, denn diese können nur zustande kommen, wenn wir uns gegenseitig in unserer Ganzheit wahrzunehmen vermögen, was wohl eine der schwierigsten Übungen ist. So dauert der Zustand des unvorbelasteten Verliebtseins meistens nur kurz – bis sich die Gewohnheiten und Konzepte, die sich jeder als Alltagsrituale gebastelt hat, wieder einstellen und manchmal die Beziehung schwierig gestalten. Trotz allem bewirkt das Verliebtsein zumindest vorübergehend, dass die Welt strahlendere Farben annimmt – weil auch die inneren Farben strahlen, denn das Herzchakra ist weit geöffnet. Alles weitere hängt von der inneren Bereitschaft zur gegenseitigen Öffnung ab und jene bestimmt die Tiefe der Begegnung.

Reise in den Waagemond (Venus)

Lindgrünes Licht erfüllt deinen Körper und du begibst dich wieder zu deiner Quelle, wo du dich erfrischen kannst und zu deiner Mitte findest. Stell dir vor, du reist von dort aus an einen Ort, der sich für dich völlig harmonisch anfühlt. Dort begegnen dir freundliche, dir wohlgesonnene Wesen, die dich freudig in ihrer Mitte aufnehmen. Diese Wesen fühlen sich angenehm leicht an, sie verkehren untereinander feinsinnig und rücksichtsvoll. Du triffst dort ein männliches Wesen, das dir in allem zu entsprechen scheint. Diese Gestalt ist deine andere Hälfte und führt dich an einen Ort, an dem ihr für eine Weile alleine sein könnt. Er hat alles, was du brauchst und weiß alles über dich. Er sagt dir jetzt, was dich in deinen Erdbeziehungen weiterbringen kann. Er gibt dir einen schönen Gegenstand, der dich daran erinnert, dass du die Ganzheit suchst. Dann schenkt er dir noch einen Heilstein, mit diesem kannst du das Beziehungsmuster heilen, in dem du gefangen bist. Du fragst ihn, welches Thema deine Beziehungen tragen und in dir formuliert sich ein klarer Satz. Daraufhin gibt dir dein Traumpartner das, was du im Moment am meisten brauchst. Du kannst dich ihm ganz hingeben und genießt diesen Augenblick in all seiner Intensität. Der Heilstein gehört wieder an einen Ort in deinem Körper, du nimmst ihn dort auf und spürst seine Wirkung. Dann gibst du deinem Traumpartner etwas von dir, ein Geschenk und verabschiedest dich von ihm. Du kehrst zurück zu deiner Quelle und schöpfst dort so viel Kraft, wie du brauchst. Wenn du so weit bist, kommst zu zurück ins Alltagsbewusstsein.

Fragen zur Reise

Welche Eigenschaften kennzeichnen die freundlichen Wesen? Beschreibe deinen Traumpartner. Er hat genau das für dich, was dir fehlt – was ist es? Was kann dir in deinen Beziehungen weiterhelfen? Welchen Gegenstand bekommst du von ihm, um leichter zur Ganzheit zu finden? Wie sieht der Heilstein aus? Welches Beziehungsmuster kannst du so heilen? Wie lautet der Satz, der deine Beziehungen klar zusammenfasst? Was brauchst du im Moment ganz dringend? Welcher Teil deines Körpers bewahrt den Heilstein auf? Wie fühlt sich seine Wirkung dort an? Was ist dein Geschenk an deinen Traumpartner?

Wenn du das Beziehungsthema, das dich und deinen Partner verbindet, formuliert hast, dann kannst du es auch reinigen. Schau dir euer gemeinsames Spiel genau an. Sicher lässt es sich anhand einer kleinen Skizze festhalten (manchmal hilft auch eine Comiczeichnung). Was bringt dir diese Verbindung, die du auf diese Weise eingegangen bist? Wovor schützt sie dich? Was ist möglich, was von vornherein ausgeschlossen? Entspricht diese Verbindung der Wahrheit, die du über die Liebe empfindest, oder ist sie davon meilenweit entfernt? Wunschtraum und Wirklichkeit – kannst du deine Wünsche leben, sind sie mit deinem Partner erfüllbar oder musst du sie immer wieder hinten an stellen? Vergiss nicht, das kosmische Prinzip gibt dir genau das, wonach du unterbewusst fragst, deine Begegnungen spiegeln auch deine innere Einstellung wider.

Erstelle dir jetzt eine Liste von Wünschen, die du dir in einer Partnerschaft erträumst, beginne jeden Satz mit: „ich wünsche mir von dir ... “

All diese Wünsche haben ihre Berechtigung. Anerkenne die Bedürfnisse deiner Seele.

Im nächsten Schritt beginne jeden der obigen Sätze mit: „ich kann dir ... “ und benutze deine Wünsche aus der vorherigen Liste, um sie zu vervollständigen.

Spüre die heilsame Wirkung, die von diesen Worten ausgeht. Alles, was du dir wünschst, kannst du selbst sein und im anderen gespiegelt sehen, denn deine Wünsche sind real. Du *musst* nicht an ihnen vorbeileben oder sie unterdrücken. Das Himmelreich lässt sich nur zu zweit betreten, sagt Chuck Spezzano. Erst wenn ich meine Liebesfähigkeit so weit entwickelt habe, dass ich den entsprechenden Partner anziehe, mit dem eine kreative Beziehung möglich ist, habe ich auch innere Hingabe und Offenheit vervollkommnet. Die Waageenergie bringt diese Liebe zum Vorschein, lasse dich ganz darauf ein und du kannst nur gewinnen.

Schön und hässlich sind Bewertungen, die einer ganzheitlichen Erfahrung im Wege stehen. Gut und Böse auch. Es gibt nichts

Schlechtes und nichts Gutes, keinen Himmel und keine Hölle, sondern eher einen Unterschied zwischen Gelöstheit und Fixiertheit. Wenn ich auf etwas fixiert bin, *muss* ich „es" haben oder erreichen und all meine Energie konzentriert sich auf die Erfüllung meines Verlangens. Wenn ich gelöst bin, *kann* ich es haben, gibt es die Möglichkeit, dass sich etwas auf mich zu bewegt oder ich langsam hineinwachse. Die Waage besitzt diese Weisheit, sie kann Dinge geschehen lassen, indem sie im Zentrum des „es kann, muss aber nicht" ruht. In dieser Position bin ich frei, ich gebe dem Leben die Möglichkeit, die für alle Beteiligten beste Gelegenheit zu finden. Das funktioniert jedoch nur, wenn ich selbst dafür die Bedingungen schaffe. Das heißt ich bin mir darüber klar, was ich will, habe überprüft, ob es auch den anderen Beteiligten nützt und lasse meinen Wunsch dann los, möge er sich so erfüllen, dass Harmonie entsteht.

Es gibt geistige Helfer und Führer, die nur auf direkte Wünsche reagieren. Ich muss um etwas bitten, die Bedingungen für die Erfüllung meines Wunsches in mir herstellen, Glaubenssätze eliminieren, die sich der Erfüllung widersetzen und dann der Veränderung entgegengehen, indem ich meinen Wunsch loslasse. Dies nennt man dann Vertrauen in die geknüpfte Beziehung zeigen. Nicht alle Vorstellungen sind hilfreich, dann muss man auch bereit sein, diese zugunsten anderer, besserer zu ersetzen. Wichtig ist beim Wünschen nur, dass die Wünsche auf Harmonie ausgerichtet sind und bestehendes Ungleichgewicht ausgleichen. Wenn ich selbst Raum gebe, kann ich auch selbst Raum bekommen, wenn ich selbst Liebe schenke, bekomme ich sie zurück.

Beziehungen wollen gepflegt werden. Überlege dir, wem du heute eine Freude machen kannst.

Vollmond in der Waage

Du bist eine wunderschöne Lichtgöttin. Dein Körperbewusstsein löst sich auf und jede einzelne deiner Hautzellen besteht aus Licht. Du bist umgeben von duftenden Blumen und Kräutern in einem reinen Land. Aus deinem Herzen strahlt ein Urklang, den du am besten findest, indem du so lange ausprobierst, bis du das Gefühl hast, der Klang kommt direkt aus deinem Herzchakra. Mit Hilfe dieses Klanges berührst du die dich umgebende Welt. Spüre, wie dieser Klang alles durchdringt. Gleichzeitig verwandeln sich alle dich umgebenden Wesen in dir wohlgesonnene Göttinnen und senden diesen Klang wieder zurück. Jetzt strahlt erneut fünffarbiges Licht aus deinem Herzen aus als Opfergabe an die Elemente. Singe deinen Klang, so lange es dir gut tut. Dann löse deine Lichterscheinung wieder auf und verweile in der Leere. Komme zurück und stelle dir vor, wie dich ein ganzes Blütenmeer empfängt. Dieser Tag ist der Schönheit und Anmut geweiht.

Es gibt ein Navaho-Rituallied[2], ein Gebet an „Changing Woman", die Hauptgöttin der Navaho, das sich gut eignet, die Waagemitte wiederzufinden, falls sie mal verloren gehen sollte:

Die Welt vor mir ist wiederhergestellt in Schönheit.
Die Welt hinter mir ist wiederhergestellt in Schönheit.
Die Welt unter mir ist wiederhergestellt in Schönheit.
Die Welt über mir ist wiederhergestellt in Schönheit.

Alle Dinge um mich her sind wiederhergestellt in Schönheit.
Meine Stimme ist wiederhergestellt in Schönheit.

Es ist wiederhergestellt in Schönheit.
Es ist wiederhergestellt in Schönheit.
Es ist wiederhergestellt in Schönheit.
Es ist wiederhergestellt in Schönheit.

---

[2] Vicky Noble, *Mythen, Musen und Tarot*, München 1999, Seite 123

Mond im Skorpion (Pluto)

„Meditiere ich in der Felsenhöhle,
wird der Fels durchsichtig.
Als ich die richtige Gefährtin traf,
wurden meine Gedanken durchscheinend.“
Chögyam Trungpa (Mudra)

Die Energie des Skorpionmondes ist dicht, konzentriert und geht in die Tiefe. So manches liegt im Unterbewusstsein verborgen, was nicht immer auf angenehme Art an die Oberfläche gelangt und dann auch nicht unbedingt gern gesehen wird. Die Skorpionenergie kann Angstfreiheit bringen – wenn wir bereit sind, uns selbst gegenüber ganz ehrlich zu sein. Röntgenartig fräßt sich dieser Energiestrahl an die Stellen, wo es noch immer schmerzt. Manchmal kann man das Gefühl haben, dass nichts so richtig stimmt im Leben. Dann sind diese Tage geeignet, sich selbst mit Röntgenaugen zu betrachten. Vielleicht gibt es Situationen, deren Entscheidungen man bis heute bereut, in denen noch Vergebung stattfinden muss, damit es weitergehen kann. Vielleicht schäme ich mich für so manches, was ich anderen „angetan“ habe oder kann hier und dort einfach nicht verzeihen. Thema der Skorpionenergie ist: der Phönix, der sich aus der Asche erhebt. Erst wenn alle Rückstände verbrannt sind, kann neues Leben entstehen oder eine Transformation stattfinden. Transformation ist ein wichtiger Prozess. Ich brauche dazu Einsicht, Klarheit, den Wunsch, mich zu reinigen, Zeit sowie die Bereitschaft, loszulassen, mich für eine Weile in ängstliche Ungewissheit zu begeben, damit eine neue Stufe erreicht werden kann. In gewisser Weise brauche ich ein Art Sterbebereitschaft, ich muss etwas opfern, eine Sichtweise, eine liebgewonnene Gewohnheit, ein Gefühl, dass mir bisher Sicherheit versprach, um mich weiter vorzuwagen im großen Lebensrad. In diesem Prozess ist auffällig, dass man wenig Hilfe von außen bekommt. Wir müssen durch die dunkle Nacht ganz alleine gehen.

Leidenschaft ist ein weiteres Stichwort der Skorpionenergie. Vielleicht habe ich gelernt, meine Leidenschaften erfolgreich zu unterdrücken, weil ich so ein schmerzfreieres Leben führen kann. Wenn ich nicht alles gebe, habe ich auch nicht alles zu verlieren, vermag allerdings auch nicht alles zu erfahren. Im buddhistischen Tantrayana wird die Leidenschaft genutzt. Der Tantrameister reitet auf einer Rasierklinge, d.h. er ist sich seiner Leidenschaft, die ihn ganz verstricken könnte, gewahr, nutzt diese aber, indem er ihren Impulsen folgt und bleibt in dieser Energie aufmerksam, stets bereit, sie auch loszulassen. So lebt er sein Leben aus dem Vollen, ohne danach zu greifen, während er den Erscheinungen gleichzeitig die letztendliche Wirklichkeit abspricht und alles, was ihm begegnet, dadurch auf eine höhere Bewusstseinsstufe führt, denn statt besitzen zu wollen, transformiert er das Erlebte.

Vielleicht habe ich aber auch meine Leidenschaft einfach abgespalten, so dass sie nicht in meinen Alltag zu passen scheint. Dann projiziere ich meine Lust auf Objekte und Partner, die scheinbar unerreichbar sind. Ich bastele mir ein sexuelles Muster, das dann Anziehung aufkommen lässt, wenn der andere mich nicht will. So wird Sexualität zum Mittel, eine Vereinigung zu suchen, die nie stattfinden kann. Geschickt bewirkt dieses Muster, dass sich Erfüllung mit Schmerz paart und Sexualität zur Abhängigkeit führt oder zum Machtkampf wird. Ich brauche dann diese „Droge", den Kick, der sich aus dem Herzensschmerz und der Lust ergibt. Ich beweise mir auf diese Art immer wieder aufs Neue, dass ich eigentlich kein Recht auf die Erfüllung meiner Lust habe. Mit Liebe hat dies wenig zu tun.

Vielleicht stehe ich aber auch ganz im Bann meiner Leidenschaft und sie vernebelt mir die Sichtweise. Dann setze ich alles daran, sie zu fesseln, d.h. ich binde meinen Partner so fest an mich, dass es ihn zu ersticken droht. Nun beginnt ein ewiger Kampf, mit den Waffen Manipulation, Kontrolle und Macht. Das sexuelle Muster ist dann ganz von der Reaktion des Partners abhängig und möglicherweise reagiere ich auf Unvorhergesehenes mit Liebesentzug.

Hast du selbst dein Leben in der Hand oder gestehst du anderen mehr Macht über dich zu als dir gut tut? Mache eine Liste, die dich zeigt, wenn du von allen Menschen, die auf dich Einfluss haben, umgeben bist. Wer kann dir Kraft nehmen, wer gibt dir Kraft? Bei welchen Menschen verlierst du immer wieder Kräfte und warum? Was bedeutet für dich unterstützt zu sein?

Leidenschaft kann keine wirkliche Erfüllung bringen, wenn die Sexualität nicht auch eine spirituelle Komponente bekommt. Ich kann mit meinem Partner spielerisch alle Formen der Leidenschaft erkunden, wenn wir aufgrund von gegenseitiger Achtung und Liebe durch das Herzchakra miteinander verbunden sind. Dann kann diese hochkarätige ekstatische Energie zur Bewusstwerdung beitragen. Zwei Seelen überschreiten gemeinsam die trennenden Grenzen und treffen sich jetzt auf einer kosmischen Ebene wieder. Ihr gemeinsamer Tanz und die Verbindung kann bewirken, dass sich alles mögliche manifestiert und die Lust wird jetzt zum Fahrzeug, ist nicht mehr so stark an das persönliche Erleben gebunden, sondern transformiert sich auf der überpersönlichen Ebene. Wenn wir uns als Boten der Götter verstehen, können wir auch göttliche Vereinigungen eingehen. Diese unterscheiden sich in ihrer Intensität vollkommen von dem normalen abhängigen Erleben der Leidenschaft. Es ist ein Unterschied, ob ich mir meinen Partner immer wieder aufs Neue wähle, ob ich ihn benutze, um ihn an mich zu binden oder mich benutzen lasse, um ihn nicht zu verlieren.

Reise in den Skorpionmond (Pluto)

Lege dich bequem hin und stelle dir vor, dass du von einer violetten Flamme umgeben bist. Das violette Licht durchflutet auch deinen Körper, bis selbst die Hautzellen zu kleinen violette Kristallen werden. Du bist nun ein violetter Lichtkörper innerhalb der violetten Flamme der Transformation. Du kannst jetzt dein höheres Bewusstsein bitten, dich bei deinem Transformationsprozess so zu begleiten, dass sich das, was in dir verwandelt werden möchte, verwandeln kann.

Stell dir vor, du begibst dich als dieser Lichtkörper zu deiner Quelle. Du siehst, dass dort, wo sie entspringt, ein kleiner, verborgener Eingang ist. Durch diesen gehst du und Stufen führen hinunter in eine Höhle. In dieser Höhle wird das Grundwasser deiner Quelle gesammelt. Du nimmst dort Platz und schaust in das Wasser. Es ist ein magischer Ort, du weißt, dass kein anderer Mensch jemals zu ihm ohne deine Einwilligung vordringen kann. Hier bist du ganz alleine. Du kannst nun dein höheres Bewusstsein bitten, dir deine größte Angst zu zeigen, diese wird sich auf der Oberfläche des gesammelten Wassers in Form eines Bildes abzeichnen. Frage diese Angst, wie du ihr begegnen kannst. Aus der Tiefe des Wassers erscheint jetzt ein Wesen, das dich bei der Bewältigung deines Angstbildes unterstützen kann. Nimm wahr, welche Eigenschaften oder Qualitäten dieses Wesen hat. Es überreicht dir einen Gegenstand, der dir weiterhilft. Blaues Licht erhellt jetzt die dunkle Höhle. Du benutzt deinen Gegenstand für das Bild der Angst. Du kannst jetzt dieses Bild betreten und es wird so zum Leben erweckt. Spüre, wie es sich anfühlt im Zentrum des Bildes. Dir erscheint jetzt ein Symbol, dass die Kraft dieses Augenblickes verkörpert. Nimm dieses Symbol in dir auf, an der Stelle im Körper, von der du das Gefühl hast: Dorthin gehört es! Was ändert sich jetzt an deiner Wahrnehmung? Frage das Wasserwesen, was du tun kannst, um kreativer mit deiner Angst umzugehen. Warte, bis sich ein klarer Satz formuliert. Verabschiede dich von dem Wasserwesen in der Gewissheit, es jederzeit wieder an diesem deinem magischen Ort der Verwandlun, aufsuchen zu können. Dann kehre zurück zur Quelle, ruhe dich dort aus und komme zurück in dein Alltagsbewusstsein.

Fragen zur Reise

Male das Bild der Angst, das sich im gesammelten Wasser gebildet hat. Wie kannst du ihr begegnen? Welche Qualitäten zeichnen das Wesen aus, das bereit ist, dir zu helfen? Welche Art der Unterstützung kann dir dieses Wesen bieten? Welchen Gegenstand erhältst du von ihm? Wie fühlt es sich im Zentrum des Bildes an? Was verändert sich aus dieser Perspektive heraus? Nenne mindestens drei Unterschiede. Welches Symbol erscheint als die anwesende Kraft dieses Augenblicks? An welchen Ort deines Körpers gehört dieses Symbol? Was wird dadurch anders? Welcher Satz hilft dir dabei, kreativer mit deiner Angst umzugehen?

Was bedeutet eigentlich loslassen?

Dank bestimmter Vorstellungen kreiert sich die Wirklichkeit. Diese Vorstellungen setzen sich aus Erfahrungen zusammen, die dein Seelenkontinuum in seinen vielen Leben gesammelt hat. In jedem Leben kannst du die Früchte deiner Bemühungen ernten und setzt gleichzeitig Impulse für neue Erfahrungen. In dir gibt es eine gesunde Kraft, die dich immer weiter anspornt und gleichzeitig bestimmte Beschränkungen, Ängste, die immer wieder einen Fortschritt verhindern. Jede Angst hat allerdings genau die Kraft gebunden, die dich weiterbringt, deshalb gibt es eigentlich nur den einen Weg: Dort *wo die Angst liegt, geht es lang*. Das sagt sich leicht und lässt sich schwer umsetzen. In uns gibt es immer wieder Inspirationen, Intuitionen und Ahnungen, die bestimmte Ziele und Wünsche wachrufen. Das Verstandeskontinuum stimmt nicht immer mit diesem organischen Plan überein. Zweifel machen sich breit, manchmal so stark, dass sie sich auf der körperlichen Ebene manifestieren und den Ahnungen des inneren Wesens, das weitaus besser an den Lebensfluss angeschlossen ist, entgegenwirken. Manchmal hilft es, sich vorzustellen, dass man stirbt, denn dann relativieren sich die vielen Verirrungen zu einer schlichten Wahrheit. Wenn ich heute sterben würde, was hätte ich dann noch Wichtiges zu erledigen? Was bräuchte ich, um befreit gehen zu können? Welche meiner Wünsche sind so stark, dass ich sie unbedingt noch leben „muss"? Mit welchen Personen habe ich noch etwas zu klären? Geht man diese Fragen konkret an und beantwortet sie ehrlich, ist man seiner Mitte ganz nah und macht eigentlich alles „richtig".

Du kannst heute vielleicht eine Tarotkarte ziehen mit der Frage: Was kann ich getrost loslassen? Welche Vorstellung behindert mich so, dass sie meinen Lebensfluss versiegen lässt?

Das Loslassen folgt einigen Gesetzen: Erst muss ich mir über den Inhalt der Vorstellung klar werden, dann ihre Absicht kennen, denn im Allgemeinen schützt sie mich vor etwas, und danach kann ich sie einfach den kosmischen Helfern anvertrauen. Wenn ich zum Beispiel eine Enttäuschung loslasse, dann muss ich mir auch darüber im Klaren sein, warum sie zustande gekommen ist und inwiefern ich unbewusst daran mitgewirkt habe. Es gibt immer einen verantwortlichen Teil in mir, der genau dieses Szenario hervorgerufen hat, manchmal geht dieser Teil zurück bis in andere Leben. Wenn ich die Enttäuschung loslasse, übergebe ich die ganze Erfahrung, auch die damit verbundene Kraft, meinem höheren Bewusstsein und lasse geschehen, ohne noch weiter daran zu denken. Dann entscheide ich mich, diesem Gefühl keine Energie mehr zu schenken. Ich öffne mich jetzt einer ungewissen Leere, manchmal erscheint diese wie eine Ohnmacht, ich gebe bewusst auf, noch weiter in diesen Prozess einzugreifen, während vielleicht ein paar ungesehene Tränen wieder alles in den Fluss bringen können. Ich lasse steuern, anstatt selbst weiter die Kontrolle zu halten. Ich erlaube meinem Bewusstsein mit dieser „offenen Wunde" solange zu existieren, bis mir Schritte der Heilung gezeigt werden. Ich entscheide mich bewusst dafür, dass ein neues Muster – ohne Enttäuschung – manifestiert werden kann, ohne es jedoch selbst zu entwerfen. Ich bleibe einfach bei der Unsicherheit und achte darauf, nicht wieder nach den alten Mechanismen zu greifen. Stattdessen studiere ich in der kommenden Zeit aufmerksam meine wahren Gefühle und achte darauf, wie sich die Reaktionen aufbauen.

Pluto, der dem Skorpion zugeordnete Planet, ist der am weitesten entfernte Planet unseres Sonnensystems. Übertragen könnte man dies so deuten, dass er praktisch die letzte große Prüfung darstellt, die wir auf der Erde machen können. Sind wir bereit, unsere Verhaftungen (oder das Ego) zu opfern? Sind wir bereit einzusehen, dass alles eine große Illusion war, die jedoch den Sinn hatte, uns unseren Irrtümern über den Spiegel Welt gewahr zu werden? Sind wir bereit, der Wirklichkeit die letztendliche Wirklichkeit abzusprechen? Ist es möglich, befreit zu leben, wenn ich wirklich nach nichts mehr greife und mich nicht mehr mit meinen Wünschen identifiziere? Ist innere Gelöstheit tatsächlich der Weg? Es gibt keinen Tod in dem Sinne, es gibt Vorstellungen, die sich ableben. Im Rad der Wiedergeburten können alle Positionen eingenommen werden, sie sind jedoch nur Phasen, Ausschnitte eines viel größeren Ganzen, das sozusagen hinter den Erscheinungen wirkt. Ich kann nicht verloren gehen, aber mich verloren fühlen. Ich bin etwas, das auf jeden Fall stirbt. Ich bin auch etwas, das wiedergeboren wird oder sich mit der Urenergie in voller Bewusstheit verbinden kann. Der Urschmerz ist die verlorene Einheit. Wir alle wollen diese wiederfinden. Keiner will sterben, deshalb erteilt die Skorpion- oder Plutoenergie ihre Lektion darüber, dem Ego auf die Schliche zu kommen, damit es überwunden werden kann und sich die schöpferischen Kräfte der ursprünglichen Einheit entfalten und durch uns ausdrücken können.

Vollmond im Skorpion

Stell dir vor, du bist an einem unheimlichen Ort, vielleicht an sogar einem Friedhof. Umgeben von Knochen und Leichen sitzt du in Meditationshaltung und schaust dich um. Du bist dir darüber gewahr, dass alles Leben vergänglich ist. Du kannst dir auch zusätzlich noch deinen eigenen Körper als Leiche vorstellen. Jetzt versuche dein Bewusstsein in einer erbsengroßen strahlendweißen Perle zu sammeln. Diese verlässt dein Scheitelchakra, die Grenze deines Körpers und wird in die große kosmische Weite geschleudert. Über eine Silberschnur bleibt sie jedoch mit deinem Körper verbunden. Jetzt stelle dir vor, wie du all deine Erfahrungen dem Kosmos schenkst, zur Verfügung stellst, loslässt, bis nur noch das Gefühl der weißen strahlenden Perle bleibt. Als solche bist du nun gut aufgehoben, ganz mit der ursprünglichen Kraft verbunden. Du kannst dich jetzt der weiten Offenheit und Liebe anvertrauen. Es macht aus dieser Position heraus wenig Sinn, zu kämpfen oder etwas für dich zu behalten. Spüre, wie sich befreiendes Erkennen manifestiert. Verweile in diesem Zustand so lange du kannst.

Dann kehre vorsichtig an der Silberschnur zurück in deinen Körper und widme diesen Tag deinen Ahnen sowie dem Thema Abschied.

Mond im Schützen (Jupiter)

„Herzensgüte zu entwickeln steht nicht bloß all denen gut an, die an eine Religion glauben..., sondern jedem, der sich für ein Mitglied der menschlichen Familie hält."

Der 14. Dalai Lama

Die Energie des Schützemondes ist zukunftsorientiert, positiv, optimistisch. Zu der einfachen Wahrheit, die sich vielleicht beim Skorpionmond aus der Tiefe geboren hat, gesellt sich nun ein positives, optimistisches Licht: Die Gewissheit: Ich kann es schaffen, meine Pläne umzusetzen, ich lebe in einer Gemeinschaft von Menschen, die zu meiner Unterstützung und zu meinem Wachstum da sind. Ich muss nur aufbrechen, die unterirdische Höhle wieder verlassen und mich in die strahlende Wärme der Sonne stellen. Da ich zumindest eine unzerstörbare Perle in mir trage, lasse ich diese jetzt weithin sichtbar strahlen. Ich bin nun, im Unterschied zum Löwemond, eine gereifte Persönlichkeit, ich kenne mich, meine Schwächen und war bereit, zu sterben. Nun kann ich meine Dienste anbieten, ohne mein Ego zu stark einzuschalten. Ich diene der Gemeinschaft Mensch mit allen meinen Fasern, einem Projekt, das humanitäre Ziele umfasst. Bei Schützemond kannst du herausfinden, was du der Welt zu geben hast. Was kannst du so gut, dass du es anderen beibringen könntest? Oder was interessiert dich so, dass du es gerne lernen möchtest? Je mehr du weißt, desto größer ist auch dein Einfluss und dein Weitblick. Nur wenn ich die Welt kenne, kann ich positiven Einfluss nehmen.

Reise in den Schützemond (Jupiter)

Stell dir vor, königsblaues Licht durchflutet dich. Dann reise zu deiner Quelle. Diesmal liegt dort ein fliegender Teppich für dich bereit, auf dem du es dir bequem machen kannst. Du bittest dein höheres Bewusstsein, dich an einen Ort zu tragen, an dem du dein höheres Potenzial voll entfalten kannst. Du näherst dich von oben einer Bühne und das Publikum wartet schon auf dich. Als du landest, applaudieren alle. Du fühlst dich gestärkt und willkommen. Dann beginnst du mit deiner Performance, es gibt etwas, das du auf deine ganz persönliche Art dem Publikum vorträgst. Du machst deine Sache gut und weckst große Begeisterung. Glücklich gehst du hinter die Bühne. Dort wartet ein Glückswesen auf dich. Es hat ein Geschenk für dich, etwas, das dich für immer an dein Glück erinnern kann. Mit Hilfe dieses Geschenkes fallen dir viele Situationen ein, in denen du bereits glücklich gewesen bist. Das Glückswesen erzählt dir nun etwas über Glück und darüber, was du tun kannst, um es noch mehr zu genießen. Du fühlst dich jetzt reich, mächtig und voll, bereit, die Hauptrolle in deinem Leben zu spielen und Regie zu führen. Dir fällt ein, wie es richtig, passend für dich ist, wie du gemeinsam mit anderen dein Glück noch potenzieren kannst. Suche nach Bildern, die dies ausdrücken. Das Glückswesen rät dir nun, was du tun kannst, um dein Glück zu vergrößern, auch, was Glück bedeutet. Dankbar und erfüllt nimmst du dein Geschenk wieder in dir auf und verabschiedest dich von dem Wesen. Der fliegende Teppich bringt dich wieder zurück ins Tagesbewusstsein.

Fragen zur Reise

Beschreibe deine Performance. Wie begeisterst du das Publikum? Wie sieht das Glückswesen aus? Was bekommst du von ihm geschenkt? Was weiß es über Glück? Was kannst du tun, um dein Glück noch mehr zu genießen? Als Regisseur(in) deines Lebens warten auf dich Aufgaben, wie sehen diese aus? Welche Bilder entstehen zu diesem Thema? In welchem Teil des Körpers bewahrst du das Geschenk des Glückswesens auf? Definiere Glück für dich. Suche eine dir vertraute Person und setze dich ihr gegenüber. Während du mit ihr Blickkontakt hältst, sprich fünf Minuten über Glück und was es für dich bedeutet. Beginne jeden Satz mit: Ich bin glücklich, wenn... Dann tauscht die Rollen. Schreibe dir mögliche Einsichten auf. Male das Geschenk und das Glückswesen.

Vollmond im Schützen

Stell dir vor, dass alle Menschen, die du in gewisser Weise als deine Lehrer oder Lehrerinnen anerkennst, sich vor dir versammeln. Aus deinem Stirnchakra strahlt weißes Licht zu dieser Versammlung, aus deinem Kehlkopfchakra rotes Licht und aus deinem Herzen blaues als Opfergabe und zum Zeichen deiner Verbundenheit. Nun strahlt das gleiche Licht von jedem einzelnen dieser Lichtwesen wieder zu dir zurück. Widme diesen Tag allen deinen Lehrer/innen.

Mond im Steinbock (Saturn)

„Friede, Schritt für Schritt.
Die strahlend rote Sonne ist mein Herz.
Jede Blume lächelt mir zu.
Wie grün, wie frisch alles wächst.

Wie kühl der Wind weht.
Friede, Schritt für Schritt.
Das macht den endlosen Weg zur Freude.“

Thich Nhat Hanh

Die Energie des Steinbockmondes ist klar, schneidend und orientiert sich an der Realität, die unser Geist geschaffen hat. Die zentrale Frage ist: Funktioniert die Welt, die ich mir geschaffen habe, kann ich in ihr überhaupt existieren? Existenz ist das Gerüst, Skelett, die Stütze oder Form, die sich aus der Vielzahl der zentralen Glaubenssätze als Lebensform manifestiert. Die Steinbockenergie gibt ihr den notwendigen Halt und die Sicherheit. Um diese Fragen zu überprüfen, braucht man die Einsamkeit. Wer bin ich, wie manifestiere ich die Wirkungen meines Geistes? Übernehme ich wirklich Verantwortung für mein Tun und Sein?

„Vom Geist gehen die Dinge aus, vom Geist beherrscht, im Geist gemacht" (Eingangsvers im *Dhammapada*). „Wir schaffen nicht nur die Welt, wir schaffen mit ihr auch uns selbst." „Die Welt, die wir schaffen, ist die Übertragung unseres Inneren nach außen, das Form-Werden unseres Selbst als Welt." (aus den Lehrreden Buddhas).

Die diamantgleiche Energie des Steinbocks spiegelt mit unerbittlicher Einfachheit genau das, was ist. Sollte es irgendwelche Mangelerscheinungen in mir geben, kann ich sie mir nun genau betrachten. Existenzängste sind häufiges Thema des Steinbocks, denn sie werden sich so lange bemerkbar machen, wie das Vertrauen noch keinen festen Boden gewonnen hat. Was ist wirklich sicher? Irgendwo hängt jeder fest, hält jeder an Ansichten fest, die nichts mit der Wirklichkeit zu tun haben. Und verteidigt diese, als würde es sein Leben kosten.

Die existenzielle Struktur hat etwas mit dem Vaterprinzip zu tun. So, wie wir unseren Vater erfahren, strukturieren wir häufig auch unser Leben. Das Kind orientiert sich am Vater, um eine gewisse Ordnung zu entwickeln, um sich selbst umsetzen zu können. Die Anerkennung des Vaters legt fest, ob das Kind genug Selbstvertrauen besitzt, eigenverantwortlich zu handeln. Glaubt der leibliche Vater an mich, glaube auch ich an meine Projekte und stehe mit der Realität in Kontakt. Die Existenz trägt mich und ich lerne an ihr zu wachsen. Gibt es in einer Familie männliche Gewalt, Missbrauch oder Abwesenheit, fällt es dem Kind schwer, sich später zu strukturieren. Es gerät wiederholt an Grenzen, die seine Selbstverwirklichung in Frage stellen. Diese können z.B. so aussehen, dass man keine Ausbildung zu Ende bringt, weil einem die Überzeugung fehlt, das diese etwas nützt, dass man zerstörerische oder keine Beziehungen eingeht, weil man sich wertlos fühlt oder dass es einem nicht gelingt, genügend Geld zu manifestieren, um bequem überleben zu können, weil man sich selbst die Existenzberechtigung abspricht. Um zu überprüfen, wo du selbst gerade stehst, kannst du diese Fantasiereise unternehmen:

Reise in den Steinbockmond (Saturn)

Strahlend weißes Licht reinigt dich von allen Belastungen. Verspannungen lösen sich und so begibst du dich erneut zu deiner Quelle. Du schaust dich dort um und legst dich auf die Wiese. Durch deine Fußspitzen tritt erneut weißes Licht ein und steigt allmählich durch deinen Körper bis es dich ganz erfüllt. Gleichzeitig verlassen dich alle dunklen Gefühle oder energetischen Verdichtungen und treten in Form von schwarzem Rauch aus deinem Körper aus. Du genießt es, jetzt ganz klar und hell zu sein.

Wie du dich erhebst und umschaust, siehst du einen Berg vor dir liegen, auf dessen Gipfel sich eine Erkenntnis für dich befindet. Du betrachtest den Berg genau und nimmst auch seine Form wahr. Du beschließt, loszugehen, dich auf den Weg zu machen und diesen Berg zu erklimmen. Du begibst dich auf den Weg und nimmst eine ganz bestimmte Qualität in dir wahr, die dich nun nach dieser Entscheidung wie von selbst zu führen scheint. Es handelt sich um eine Eigenschaft, die du hast und die dich deinen Weg gehen lässt. Neben dir liegt ein Rucksack, in diesem befinden sich Päckchen aus der Vergangenheit, Szenen und Bilder, die dir wichtig sind. Du nimmst den Rucksack mit und gehst weiter, bis du an einer Stelle auf dem Berg Rast machst. Hier kannst du deine Umgebung deutlich wahrnehmen, beobachte auch, wie du dich hier fühlst. Du beschließt, ein Päckchen aus dem Rucksack auszupacken, eine wichtige Szene oder ein Bild, das mit deinem Vater und deiner derzeitigen Situation zu tun hat. Was hast du in dieser Szene so stark beschlossen, dass es bis heute dein Leben bestimmt? Welcher Glaube ist durch diese Verletzung entstanden? Gib dir selbst das Versprechen, diese Verletzung zu heilen. Um deinen Weg jetzt fortsetzen zu können, ist es wichtig, dass du dich jetzt von deinem Vater verabschiedest. Versprich deinem inneren Kind, dass du es in naher Zukunft durch seinen Schmerz begleiten wirst und finde nun deinen Weg mit deiner eigenen Kraft. Finde etwas in deiner Umgebung, was dir die

Kraft gibt, weiterzugehen. Diese Kraft unterscheidet dich von deinem Vater, sie gehört dir. Du kannst jetzt deinen Weg erkennen, er liegt hell und offen vor dir. Du kannst jetzt weitergehen, bis zum Gipfel. Dort ist ein riesiger, strahlender Diamant, den du betrittst. Du spürst die Kraft und Klarheit, die sich in seinem Inneren bündelt. Eine alte Rolle fällt von dir ab. Du brauchst diese Rolle nicht mehr zu spielen. Du bist jetzt mit deiner wahren Kraft verbunden, die dich wirklich Verantwortung übernehmen lässt. Du kannst deinen Weg rückblickend deutlich erkennen. Damit verbunden findest du jetzt eine Einsicht, eine Erkenntnis, die sich ganz klar formuliert, wenn du deiner Aufgabe gemäß lebst. Mittels dieser Einsicht kannst du den nächsten Schritt in deinem Leben machen. Du kehrst zurück.

Fragen zur Reise

Wie ist der Berg geformt? Mit welcher Qualität (Eigenschaft) gehst du deinen Weg? An welcher Stelle machst du Rast? Wie weit bist du vom Gipfel entfernt? Welche Situation packst du aus dem Rucksack? Wie lautet der Entschluss, den du in dieser Situation gefasst hast? Welcher Glaube gründet sich auf diesem Entschluss, wie begegnest du deshalb der Wirklichkeit? Welches Versprechen braucht dein inneres Kind von dir, um zu heilen? Welche Rolle kann in dem Diamant von dir abfallen? Wie fühlt sich deine wahre Verantwortung dem Leben gegenüber an? Welche Einsicht formuliert sich, wenn du dein Leben aus dir selbst heraus lebst? Wie gestaltet sich dadurch dein nächster Schritt?

Werde dir klar darüber, was dein Vater von dir erwartet hat und wie sich dein wirklicher Weg von dieser Erwartung unterscheidet.

Wie bist du aufgrund der Erwartungen deines Vaters geworden? Wo stehst du dir möglicherweise aufgrund der falschen Rolle selbst im Weg?

Male diese Szene. Schreibe die darin enthaltenen Glaubenssätze auf. Gestalte sie um. Übernehme die Verantwortung für dich. Lasse die alte Rolle los. Male die Lösung, die Erkenntnis.

Vollmond im Steinbock

Beobachte für eine Weile deinen Atem mit lockerer Aufmerksamkeit. Stell dir dann vor, dass vor dir ein Rad erscheint, auf dem die einzelnen Abschnitte von der Geburt bis zum Tod abgebildet sind (Lebensrad im Buddhismus). Dieses Rad ist in zwölf Teile gegliedert und beschreibt den unvermeidlichen Prozess, den jeder Mensch durchwandert, während er lebt. Entwickle ganz stark den Wunsch in dir, diesen Prozess bewusst zu verstehen und innere Freiheit zu suchen. Bitte das Universum darum, dir Hilfe bei deiner Suche zu gewähren.

Mond im Wassermann (Uranus)

„So sollt ihr über diese ganze flüchtige Welt denken: Ein Stern in der Morgendämmerung, eine Luftblase auf einem Fluss, ein Blitz in der Sommerwolke, ein flackerndes Licht, ein Phantom, ein Traum."

Diamant-Sutra

Die Wassermannenergie ist leicht, schnell, manchmal verwirrend – auf jeden Fall verteilend und umstrukturierend. Während sich beim Steinbockmond Energie verdichtet, auf einen wesentlichen Punkt reduziert, erfährt diese konzentrierte Energie jetzt eine Art explosive Befreiung. Wenn ich meine schwache Stelle kenne und mit ihr so weit Frieden geschlossen habe, dass sie mich nicht mehr behindert, sondern ich nun mit ihr arbeiten kann, so wird meine Energie im nächsten Schritt wieder zerstreut. Ich kann jetzt erneut in Kontakt treten, alle Bewusstseinsebenen erfahren sozusagen eine Erneuerung, denn sie können sich nun anders strukturieren. Mein altes Konzept über das Leben funktioniert nicht mehr und eine Art Revolution kann stattfinden. Vielleicht gibt es wesentliche Teile meiner selbst, die ich bisher erfolgreich unterdrückt habe, weil ich sie aufgrund meiner Ängste nicht zulassen konnte, obwohl sie mich nähren würden. Vielleicht habe ich auch Angst vor der spontanen, freien Energie des Wassermanns, weil ich mich dann aufs Ungewisse einlassen müsste. Die Wassermannenergie ist nur dann wirklich erfahrbar, wenn wir bereit sind, unsere Vorstellungen über das Ego loszulassen. In ihr setzen sich viele Individuen zu einer Einheit zusammen, um als Gruppe verantwortlicher Einzelwesen einen größeren Plan zu erfüllen. Während die Einsamkeit dazu beiträgt, wichtige Klärungsprozesse zu durchlaufen, trägt die Gruppenenergie dazu bei, kosmische Projekte umzusetzen.

Reise in den Wassermannmond (Uranus)

Begib dich wieder zu deiner Quelle und stärke dich zuvor mit türkisfarbenem Licht. Reinige dich in deiner Quelle, schwimme und steige erst wieder heraus, wenn du dich leicht und frei fühlst. Ein strahlend weißes Kleid liegt für dich bereit, in das du hineinschlüpfst. Du kannst dich nun auf deine Wiese stellen und die Arme v-förmig nach oben strecken. Dabei stelle dir vor, wie dich blendend weißes, prickelndes Licht erfüllt. So gestärkt kannst du nun dein höheres Bewusstsein rufen, das dir in Form eines Vogels erscheint. Dieser trägt dich sicher an einen Ort. Dort erwartet dich eine spirituelle Gruppe. Nimm die Ausstrahlung dieser Gruppe aus der Vogelperspektive wahr. Du landest sicher, um der Gruppe zu begegnen. Ein Mitglied dieser Gruppe löst sich heraus und nimmt dich in Empfang. Die Person erklärt dir die Einweihung. Frage sie, in was du eingeweiht werden sollst. Damit erklärt dir jenes Wesen das Gruppenritual, das du gleich ausführen wirst. Nachdem du verstanden hast, beginnst du mit deinem Ritual. Genieße es, und beobachte dich genau, während es stattfindet. Spontan manifestiert sich jetzt ein Symbol und dir wird klar, wie die neue Bewusstseinsebene aussieht, die du jetzt betreten kannst. Auf der neuen Ebene wirst du dich besser in deine Gruppe integrieren können, denn du hast hier etwas gefunden, das du ganz individuell beitragen kannst. Du lässt dafür etwas hinter dir. Was ist das? Dann bekommst du etwas geschenkt, was dich an dein neues Bewusstseinsniveau erinnern und dieses stärken kann. Vielleicht hörst du auch einen Klang oder siehst ein Licht, das dich immer mit dieser Gruppe in Verbindung bringen kann, wenn du es wünschst. Dein Bewusstsein wird jetzt frei und erhellt, frage dich erneut, wovon du dich befreien darfst. Frage auch deinen Führer, wie du das Ritual im Alltag erhalten kannst. Dann kehre zurück zur Quelle, atme dort tief durch und kehre zurück in dein Alltagsbewusstsein.

Fragen zur Reise

Welcher Vogel trägt dich? Was verbindet die spirituelle Gruppe, wie fühlt sie sich an? Was haben die Mitglieder gemeinsam? In was sollst du eingeweiht werden? Welches Gruppenritual führst du aus? Beschreibe das Ritual. Welches Symbol erscheint? Welche neue Bewusstseinsebene kannst du mit seiner Hilfe betreten? Beschreibe die neue Ebene. Was kennzeichnet deine Individualität, mit der du die Gruppe bereicherst? Welcher Klang oder welches Licht entsteht, um dich erneut in Kontakt mit der Gruppe zu bringen? Wie kannst du dein Ritual im Alltag erhalten? Wovon darfst du dich befreien? Was kannst du hinter dir lassen?

Male auch jetzt wieder das Wesentliche in dein Tagebuch. Male das Symbol und Ausschnitte des Rituals.

Vollmond im Wassermann

Stelle dir eine Musikkassette zusammen mit acht verschiedenen Stücken. Tanze aus den Chakren heraus, beginne mit dem Wurzelchakra, konzentriere dich auf diese Energie und bewege dich von diesem Punkt ausgehend. Wenn die Musik wechselt, bewege dich aus dem Nabelchakra heraus, sodann aus dem Solarplexuschakra, danach vom Herzen aus, von der Kehle, aus dem dritten Auge heraus und schließlich aus dem Scheitelchakra heraus. Beobachte, wie sich dic Bewegung und das Musikgefühl verändern. Widme diesen Tag dem Humor.

Noch einmal Fischemond

„Aus dem Meer sind wir gekommen, in das Meer kehren wir zurück."
Sprichwort

Schaue dir dein bisherigen Aufzeichnungen noch einmal an. Male dir einen großen Kreis, den du in zwölf Abschnitte, den Tierkreis, einteilst. Nun male alle gefundenen Symbole an ihre entsprechende Stelle in diesem Tierkreis, z.B. einen Kirschblütenzweig zu Jungfrau oder einen Baum zu Stier. Füge ihnen jeweils ein Wort bei, als die Essenz ihrer Bedeutung. Du hast nun einen persönlichen Kraftkreis, dein Mandala, geschaffen, der dich stärken kann. Du bist die Summe deiner Bilder, du hast es in der Hand, deine Stärke zu nutzen, die einzelnen Symbole zum Leben zu erwecken. Du kannst den Mondkreislauf immer wieder neu verfolgen, an ihm wachsen und dich so, einer Spirale gleich, zyklisch entwickeln. Jeder einzelne Tag ist wichtig und steht dir zu deiner persönlichen Entfaltung zur Verfügung, wenn du bereit bist, aus seinen Energien zu schöpfen.

Gefühle sind freie Energien. Im Schmerz liegt gleichzeitig das Glück, im Abgetrenntsein liegt die Vereinigung, in der Kleinheit die Größe. Die Wahrnehmung und die darin enthaltene Perspektive der Erfahrung lassen sich verändern, wenn du bereit bist, ein wenig Zeit und Aufmerksamkeit zu investieren. Es gibt eine Unzahl von kosmischen Helfern, die nur darauf warten, dass jemand bereit ist, sich zu öffnen, die notwendige Unterstützung folgt auf dem Fuße. Eigentlich gibt es nur eine „Sünde", nämlich sich vor sich selbst zu verschließen oder sich selbst im Stich zu lassen. In jedem Menschen liegt das Potenzial zur Erleuchtung, das erleuchtete Bewusstsein, dass sich hinter den verdunkelnden Wolken der Gedanken befindet und durch die reifenden Gefühle entwickelt. Alles ist möglich und alles ist in allem enthalten – insofern gibt es nichts zu verlieren. Illusionen sind nur solange wirksam, wie wir ihren Ursprung nicht kennen. Liebe entsteht bei Öffnung von ganz alleine, denn sie ist die allem zugrunde liegende Wahrheit.

Betrachte dir deine zwölf Fantasiereisen und richte deine Aufmerksamkeit auf deine Quelle. Hat sie sich im Laufe der Zeit verändert? Wenn ja, wie? Ist sie für dich zu einem vertrauten Zufluchtsort geworden?

Formuliere nun noch einmal das Thema, das sich bei der Reise im großen Rund gezeigt hat und dessen Auflösung. Du wirst sehen, etwas hat sich verändert, du bist dir selbst einen Schritt näher gekommen und hast wahrscheinlich jetzt mehr Vertrauen in deine Fähigkeiten. Je öfter du diesen Weg bewusst verfolgst, um so stärker wirst du werden.

Du kannst auch die Krafttiere oder Kraftsymbole, die du in dir zur jeweiligen Tierkreisenergie entdeckt hast, in dein Horoskop einzeichnen. Ist dir z.B. bei der Reise in den Krebsmond ein Delphin erschienen als Ausdruck deiner Mondenergie, dann malst du ihn an die Stelle, an der sich dein Geburtsmond befindet. Hast du den Mond z.B. in den Fischen, dann verfügst du jetzt über ein Krafttier, das dazu beitragen kann, deren Energie zu entfalten. In allen Lebenssituationen, die mit dem Mondthema zusammenhängen, ist es hilfreich, dir den Delphin in Erinnerung zu rufen, denn seine Kraft wird dir dazu verhelfen, hier bewusster zu werden oder leichter bei dir zu bleiben. So verfährst du mit allen anderen Symbolen und wichtigen Bildern. Dein Unterbewusstsein hat dir all diese Informationen geschenkt, deshalb brauchen sie Anerkennung und Integration. Heiße all deine Wesen und Bilder willkommen. Schenke ihnen Beachtung und beobachte dich selbst, während die Veränderung vonstatten geht. Der Vorteil liegt darin, dass es deine Bilder und Symbole sind, du brauchst deshalb nicht an ihnen zu zweifeln. Es genügt, sie anzunehmen, ihre Wirkung zu spüren und durch wiederholte Aufmerksamkeit im Bewusstsein zu verankern.

Drei ergänzende Reisen

Nachfolgend kommen noch drei weitere Fantasiereisen, die der Vollständigkeit halber hinzugefügt sind, denn es handelt sich um wichtige Faktoren des Geburtsbildes, die zu deinem persönlichen Mandala gehören. Der Aszendent ist ein Punkt innerhalb des aufgehenden Tierkreiszeichens, der sich mit Hilfe von Zeit und Ort deines Geburtsmoments berechnen lässt. Das Medium Coeli wiederum bezeichnet einen Punkt innerhalb des sich dann im Zenit befindenden Tierkreiszeichens. Chiron wiederum ist ein Planetoid, dessen Umlaufbahn zwischen Saturn und Uranus liegt. Er ist keinem Tierkreiszeichen als Herrscher zugeordnet, aber dennoch wichtig für die Betrachtung der Gesamtpersönlichkeit, deshalb habe ich seine Fantasiereise hier angehängt.

Der Aszendent

Der Aszendent steht in dem Tierkreiszeichen, das zum Zeitpunkt unserer Geburt am Osthorizont aufgeht. Damit verbunden ist das Thema: Wie bewege ich mich durch das Leben? Wie ist mein ganz persönlicher Stil? Wie wirkt meine Ausstrahlung als erster Eindruck auf andere? Der Aszendent gibt unserem Leben eine Ausrichtung. Wie diese aussieht, lässt sich am jeweiligen Tierkreiszeichen ablesen. Seine Energie bestimmt die Kraft der Umsetzung, die sich wie ein roter Faden durchs Leben zieht. Planeten in Aszendentennähe wirken häufig stärker auf die Gesamtpersönlichkeit ein, denn sie weben gemeinsam mit dem Zeichen des Aszendenten eine Art Muster, das Projekten ihre individuelle energetische Einfärbung verleiht.

Reise zum Aszendenten

Regenbogenfarbenes Licht erfüllt und umhüllt dich. Wieder besuchst du deine Quelle und erfrischst dich dort. Du rufst dein höheres Bewusstsein zu Hilfe, das dir jetzt in einer zu deiner jetzigen Verfassung passenden Form erscheint. Es trägt dich und schützt dich vollkommen. Du kannst mit deiner Aufmerksamkeit eine Silberschnur entdecken, die aus deinem Scheitelchakra austritt und dich mit der Lichterwelt zum Zeitpunkt vor deiner Geburt verbindet. Du reist an dieser Silberschnur zurück in diese Welt. Fühle, wie du frei und bereit bist für deine neue Inkarnation. Betrachte deine Seele, sie ist vollkommen und trägt alle Gefühle in sich, die dir zu mehr Bewusstheit verhelfen können. Du fühlst ganz deutlich deine Aufgabe, die du in dem kommenden Leben erfüllen möchtest. Du trittst jetzt in den Mutterleib ein. Spüre dann im Zeitraffertempo dein Wachstum während der kommenden neun Monate, die damit verbundenen Empfindungen, ohne dabei zu bleiben. Du kannst fühlen, wie du allmählich Form annimmst. Du wirst größer und bist bereit, den dich nährenden Raum zu verlassen. Es wird eng. Du hast Kraft, viel Kraft, die dir hilft, deinen Weg zu finden. Mit dieser Kraft wirst du nun geboren. Ein Symbol empfängt dich. Es heißt dich willkommen. Es ist ein Geschenk, eine Kraft, die dich während deines Lebens begleiten wird. Was sagt dir das Symbol? Welche Botschaft hat es für dich? Jetzt verwandelt es sich, es wird zu einem Gewand, einem Kleid, das dich bis zu deinem Lebensende ummänteln wird. Andere können es sehen, dich so wahrnehmen. Du auch. Du schaust von hier aus auf dein Leben bis zum jetzigen Zeitpunkt. Wann hat dich dein Gewand beschützt? Warte auf Szenen, die sich dir jetzt zeigen. Was ist die Aufgabe dieses Gewands? Was bewirkt es? Welche Eigenschaften hast du aufgrund dieses Gewands verliehen bekommen? Inwiefern sind diese hilfreich für andere? Wie kannst du ihr Potenzial voll entfalten? Betrachte erneut das Gewand und ergründe, wie du dich darin fühlst. Dann kehre an der Silberschnur zurück zur Quelle. Dort verabschiede dich und komme zurück ins Alltagsbewusstsein.

Fragen zur Reise

Welche Aufgabe stellt sich dir vor deiner Geburt? Welches Symbol empfängt dich bei deiner Geburt? Was assoziierst du mit dem Symbol? Wie würdest du die Kraft beschreiben, die durch das Symbol gebunden ist? Wie sieht dein Gewand aus? Aus welchem Material ist es? Welche Farbe hat es? Ist es angenehm zu tragen? In welchen Situationen hat dich dein Gewand schon beschützt? Welche Aufgabe hat das Gewand? Welche Eigenschaften verleiht es dir? In wie weit ist es hilfreich? Male dein Gewand und das Symbol.

Medium Coeli

Zum Zeitpunkt unserer Geburt befindet sich in einer geraden gedachten Linie ein Sternbild genau über uns. Dieses ist die Himmelsmitte, oder das Medium Coeli. Das MC hat als Thema die Bewusstwerdung. Je älter wir werden, desto stärker bilden sich die Eigenschaften des Tierkreiszeichens aus, in welchem das MC steht. Es scheint so, als ob man allmählich in diese Energie hineinwächst. Wir streben danach, jene Energie zu erreichen. Deshalb wird das MC auch häufig als höheres Bewusstsein vorgestellt. Es gibt Anregungen über die berufliche Ausrichtung und signalisiert, auf welcher Ebene wir Bildung suchen. Mit seiner Energie ist der rote Faden verbunden, der dem Leben einen individuellen Sinn zu geben scheint.

Reise zum MC

Goldenes Licht durchflutet dich. Du reist zu deiner Quelle und dort fühlst du deutlich das goldene Licht, das dich ausfüllt, bis in die kleinste Zelle. Du verwandelst dich jetzt in ein Weisheitstier. Wie fühlt sich dieses an? Es besitzt drei Eigenschaften. Welche? Dir wachsen jetzt Flügel und du kannst dich in die Lüfte erheben. Eine passende Wolke erscheint, und du lässt dich auf ihr nieder. Von hier aus kannst du auf wunderbare Weise dein Leben überschauen, angefangen von der Geburt bis heute und du erkennst goldenes Licht, das seinen Fluss durchwirkt. Es stellt mit seinem Strahl eine Verbindung zwischen den ineinander übergehenden Szenen her. Du bekommst aus deiner Position auf der Wolke heraus einen Geschmack, wie sich dein Leben bisher ganzheitlich anfühlt. Du bemerkst, dass etwas fehlt. Du hast die ganze Zeit über etwas übersehen. Jetzt manifestiert sich dieses Etwas aus diesem goldenen Licht. Es bekommt eine Form. Es ist das, wofür du vergessen hast zu sorgen. Du suchtest es, aber du hast es nicht selbst entwickelt. Das golden manifestierte Etwas verschmilzt mit dir und du findest einen entsprechenden Ort im Körper, an dem es gut aufgehoben ist und von wo aus es sein Potenzial voll entfalten kann. So wirst du vollständig. Was ist jetzt anders und wie? Du strahlst goldenes Licht aus, so kannst du mit Weisheit deiner Aufgabe begegnen. Wie sieht diese aus? Du spürst die Qualität, die du als Erwachsene(r) hast. Du bist nun erfüllt. Das Gefühl des Mangels ist gestillt. Welche Eigenschaft hast du jetzt? Was kannst du auf natürliche Weise so gut, dass du es gar nicht bemerkt und deshalb danach gesucht hast? Du bleibst so verschmolzen mit deiner goldenen Form und kehrst zurück zur Quelle, erfrischst dich dort, und kehrst dann du zurück in den Alltag.

Fragen zur Reise

Wie hat sich dein Leben angefühlt, als es von dem goldenen Licht durchflutet wurde? Was fehlt dir? Welche Form manifestiert sich? Wofür hast du vergessen zu sorgen? Wie fühlt es sich an, wenn du mit der dir erschienen goldenen Form verschmolzen bist? Beschreibe mindestens drei Eindrücke. Wie erfüllst du deine Aufgabe mit Weisheit? Welche Eigenschaften machen aus dir einen Erwachsenen, der Verantwortung für sein Leben übernimmt? Was ist dein natürliches Talent?

Chiron

„Das Energiemuster, dem wir die größte Aufmerksamkeit widmen, den größten Raum im Denken, Fühlen oder Handeln geben, prägt uns mehr als dasjenige, dem wir wenig Beachtung schenken. Erst wenn wir neue günstige Muster schaffen und mit viel Aufmerksamkeit werden lassen, können wir eine wirkliche Neuprogrammierung unseres Unterbewusstseins erwarten."

Harald Wessbecher

Chiron und das Ungewisse

Da Chirons Umlaufbahn sich zwischen Saturn und Uranus befindet, wird auch seine Energie zwischen diesen beiden angesiedelt. In Zeiten, in denen Chiron aktiv wird, siehst du dich vielleicht vor wichtige innere Entscheidungen gestellt, wobei einerseits Altes abgeschlossen werden möchte, indem eine Art Schnitt stattfindet – vielleicht durch ein belangloses Erlebnis, das dich zunächst aus dem bekannten Trott herauskatapultiert, oder indem sich ein ungewisses Loch ausbreitet, das sich erst dann wieder füllt, wenn die vielen kleinen Entscheidungen getroffen sind, die zu einer neuen Richtung führen. Im Geburtsbild kann die Stellung Chirons etwas über eine tiefe Wunde verraten, welche dazu geführt hat, dass man sich in diesem Bereich als abgetrennt erlebt. Gleichzeitig zeigt uns die Position auch, mit welcher Energie man dieses „Abgespaltensein" überwinden kann. Chiron ist der innere Wesensanteil, der sich leicht befremdet fühlt, mit der gleichzeitigen Qualität, neben sich stehen zu können und zu beobachten – vielleicht auch, um sein eigenes Tun reflektieren zu können. Sind die inneren Weichen gestellt, können sich die Selbstheilungskräfte entfalten und du folgst einem Weg, der sich aus Erfahrung und Risikobereitschaft zusammensetzt. Du bist gewillt, dich selbst immer wieder auf das Ungewisse einzulassen, ohne dein Bewusstsein über Vergangenes zu verlieren, auch wenn dies bedeutet, dass du bisweilen wie abgeschnitten neben deiner bekannten Lebenssituation stehst und somit Zeit gewinnst, diese eingehend zu betrachten. Chiron scheint erst heraus und anschließend wieder hereinzuführen – du steigst vorübergehend aus, um dann tiefer einzusteigen. In diesem Zwischenzustand kann es passieren, dass du dich wie eine Fremde unter Fremden fühlst – keine Angst, auch das geht vorüber...

Schutz und beschützt sein

Jedem Menschen steht Schutz zu. Wenn meine Entscheidungen in die richtige Richtung gehen und gut motiviert sind, kann ich nur dazugewinnen, denn ich bewege mich auf die Wahrheit zu, ich erfahre die Wirklichkeit, so wie sie ist und bin hierbei völlig geschützt, denn ich brauche keine Angst mehr zu haben, etwas zu verlieren. Wie kann ich etwas verlieren, was ich niemals besessen habe? Wie kann ich von etwas gequält werden, wenn ich mich nicht verteidige? Wie kann ich um etwas kämpfen, was sich sowieso verändert? Es lohnt sich nicht, an irgendetwas festzuhalten, oder Kraft zurückzuhalten, oder etwas erreichen zu wollen. Es gibt nur so etwas wie ein allmähliches Aufwachen. Die Bemühung um das Erwachen, um Bewusstheit, um Freiheit, die nicht zu verwechseln ist mit falscher Unabhängigkeit. Hier handelt man aus dem Gefühl der Isolation heraus und vermeidet es tunlichst, sich einzulassen, weil man Angst vor Nähe hat. Wirkliche Freiheit liegt in der Vereinigung, im Einlassen und in der Erfahrung der wahren Liebe, die alle Beteiligten bereichert, indem sie die innere Trennung überwindet.

Fantasiereise Chiron

Stell dir in langsamen Schritten vor, wie dich neonblaues Licht erfüllt. Erneut begibst du dich zu deiner Quelle und badest in deren sprudelndem Bachlauf. Dann beschließt du, dem weiteren Verlauf des Wassers zu folgen. Links und rechts davon entdeckst du zwei schmale Pfade, die die Ufer umsäumen. Wähle einen der beiden Pfade. Während du entlang schlenderst, schaust du in das Wasser. Darin tauchen Lebenssituationen auf, die noch der Heilung bedürfen. Heile diese Bilder mit Licht oder der entsprechenden Farbe, die sich dir intuitiv zeigt. Gehe weiter, bis zur Jetztzeit. Schaue zurück. Wenn du die Möglichkeit hättest, etwas in der Vergangenheit zu verändern, was würdest du tun? Welchen Lebensabschnitt würdest du verändern und wie? Richte dir das entsprechende Bild so ein, bis du dich darin wohl fühlst und es dir stimmig erscheint. Welche Konsequenzen hätte diese Veränderung im Jetzt? Prüfe auch, ob sich vielleicht die Zukunft nun in einem anderen Licht zeigt. Wie fühlt sich das andere an? Beschreibe die Veränderung so genau wie möglich. Beschließe jetzt, im Heute dazu ja zu sagen und die notwendigen Schritte zur Veränderung einzuleiten. Gehe im Heute der Veränderung mit einem Schritt entgegen. Was möchtest du tun? Bitte um ein Symbol, das dich diesem Wendepunkt entgegenführen kann und dich dabei unterstützt. Atme seine Kraft tief in dich hinein und formuliere für dich ein klares Ja zu deiner getroffenen Entscheidung. Versprich dir, dafür Verantwortung zu übernehmen. Dann kehre zurück zu deiner Quelle und schließlich zurück ins Alltagsbewusstsein.

Fragen zur Reise

Welchen Weg hast du gewählt? Wie war dein Gefühl, als du ihm gefolgt bist? Wie fühlt sich die Veränderung an, die du dir wünschst? Werde dir ganz bewusst über die andere Qualität, die mit ihr in dein Leben tritt. Male das Symbol und arbeite mit ihm in den kommenden Wochen, indem du dich immer wieder daran erinnerst.

Die Bilder im Alltag anwenden

Die Bilder und Symbole, Geschenke und Farben, die du während der Traumreisen in die Mondzeichen empfangen hast, können zu einem kostbaren Schatz werden, wenn du sie in den Alltag integrierst. Alles, was dir z.B. bei der Fischemondreise erschienen ist, gehört auch zu der Energie des Planetenherrschers dieses Zeichens, nämlich zu Neptun. Die Planetenherrscher sind:

Widder	Mars
Stier	Erde
Zwillinge	Merkur
Krebs	Mond
Löwe	Sonne
Jungfrau	Vesta
Waage	Venus
Skorpion	Pluto
Schütze	Jupiter
Steinbock	Saturn
Wassermann	Uranus
Fische	Neptun

Nun ist es hilfreich, wenn du dich auf deine inneren Bilder konzentrierst, sobald du merkst, dass eine der Energien im Alltag angesprochen ist. So kann sich deren Potenzial entfalten und dir bei deiner Entwicklung hilfreich zur Seite stehen. Die Planetenenergien wirken sich im Alltagserleben folgendermaßen aus:

Mars

Initiative, Handlungsimpuls, Mut, Herausforderung, Neubeginn, Durchsetzungsvermögen, Selbstbehauptung, aggressiver Antrieb, Einsatz, Zuversicht, Energie, Sexualität, Vitalität.

Die Marsenergie braucht man im Alltag, um Neuanfänge in die Wege zu leiten und Mut und Entschlossenheit aufzubringen. Mit ihrer Hilfe kann es einem gelingen, sich gesund abzugrenzen und Energiereserven zu aktivieren. Mars ist der spontane Einsatz, die sexuelle Anziehungskraft und die Freude, die aus der befreiten Handlungsenergie resultiert. Mars ist der zündende Funke, der auf andere überspringen kann, damit auch sie es wagen, Neuland zu betreten. Nutze dein Symbol, um seine Kraft weise zu erschließen, damit du deine Energien gezielt einsetzen kannst. Marsenergie verleiht auch Mut, kreativ zu streiten. Es ist die reine, ungebändigte Lebenskraft, die man braucht, um seine Persönlichkeit durch eigenes Engagement zu entfalten.

Rufe dir dein Krafttier als Lichtwesen ins Bewusstsein. Seine Qualitäten können dir in Situationen, da es dir an Stärke fehlt, weiterhelfen. Visualisiere dir wiederholt deine Waffe, die du zum Kämpfen brauchst und erinnere dich an deine Aufgabe. Welches Thema wolltest du in naher Zukunft bewältigen? Öffne dich deinem Erfolg, indem du mit deinen Lichtkörpern arbeitest.

Erde

Bewahren, Ernähren, Sicherheit, Struktur, Zuverlässigkeit, Körperbewusstsein, Erdung, materielle Sicherheit, Bewusstsein über Karma und Gesetzmäßigkeiten, organische Ordnung.

Die Energie der „Erdmutter“ schützt und nährt. Sie ist gefragt, wenn wir Strukturen aufbauen, die uns Halt geben und für unsere Ernährung (auch im Sinne von Existenz) aufkommen. Sie hat ein natürliches Bedürfnis nach Ordnung und Sicherheit und sorgt mit ihrem karmischen Bewusstsein dafür, dass wir Werte schaffen, die sich in der uns umgebenden Welt bewähren. Soll das Leben gut funktionieren, ist es wichtig ein individuelles System zu errichten, das genügend Raum lässt für Entwicklung. Die Bilder, die während der Stiermondreise entstanden sind, können dazu beitragen, eine solche innere Sicherheit zu finden. Welche besonderen Eigenschaften hatte die Person, die dich in dem Gebäude der Sicherheit empfing? Erinnere dich an ihr Geschenk und arbeite mit diesem. Dann besinne dich auf die Bedingungen, die dein Baum zum Wachstum brauchte. Arbeite daran, dass du solche Voraussetzungen in dein Leben integrierst.

Merkur

Zerstreuen, Kommunikation, dualistisches Denken, Lernen, Bewegung, Abstraktionsvermögen, Intellekt, das Wort, die verbale Verbindung, die Sprache, Wissen, das Spiel

Die Merkurenergie verbindet auf gedanklich-unkonventionelle Weise die vielen Eindrücke, die während des Alltags in das Bewusstsein einströmen. Mit ihr gelingt es uns, uns mitzuteilen und den Gedanken Ausdruck zu geben. Wenn wir unser Kommunikationsmuster verbessern wollen, ist es hilfreich, sich auf die Erfahrungen während der Zwillingemondreise zu konzentrieren und mit ihnen zu arbeiten. Missverständnisse treten häufig auf, wenn unsere Mitteilungen blockiert oder nicht eindeutig sind. Das gefundene Symbol oder Geisttier kann dabei helfen, diese klarer zu formulieren und den Kern der Aussage zu bekräftigen. Es kann auch dann unterstützen, wenn wir uns nicht trauen, bestimmte Dinge auszudrücken.

Die Themen deiner beiden Bücher geben Aufschluss über das, was deine Gedanken beschäftigt. Welcher Teil deines Körpers möchte sich in Zukunft stärker mitteilen? Konzentriere dich auf das Symbol, lasse es als Lichtkörper in dir wirken, wenn du deine Kommunikation verbessern möchtest. Gebe dem Krafttier deiner Gedanken Raum zu wirken.

Mond

Vertrauen, das innere Zuhause, die Anbindung, Weiblichkeit, Gefühle, Traumbewusstsein, die nonverbale Verbindung, die Mutter, die Urmutter.

Die Mondenergie wurde bereits im Eingangskapitel ausführlich beschrieben. Die Mondtiere, -bilder und -symbole unterstützen ihren Fluss und ihre Wandlungsfähigkeit und können so sackgassenartige Gefühle befreien. Mondenergie ist die bewusste Wahl des weiblichen Weges der Ungewissheit, der sich in Vertrauen, Empfänglichkeit und Hingabe gründet. Setze das Wasserwesen und die Quelle dann ein, wenn es dir an Vertrauen mangelt.

Sonne

Selbstausdruck, Kreativität, Selbstbewusstsein, Herzensbewusstsein, der geistige Ausdruck, Individualität, Tatkraft, Selbstwert.

Die Sonnenenergie strahlt als unser persönliches Charisma in den Alltag. Sind wir mit ihr verbunden, dann befinden wir uns in unserer Mitte und gestalten den Tag mit unserer Kreativität. Daraus schöpfen wir Freude. Die Sonnenenergie versteht sich als Schöpferkraft, sie vermag sich von anderen zu unterscheiden und die Dinge auf ganz individuelle Weise anzugehen. Mit der Sonnenenergie sagen wir uneingeschränkt ja, zu uns, zum Leben, zur Entwicklung. Die Sonne ist das geistige Zentrum, ein Gefühl von Fülle und innerem Reichtum, der sich durch die alltäglichen Handlungen ausdrückt. Bewusstheit über sich selbst zu erlangen ist eines der höchsten Ziele dieses Erdenlebens. Die Erfahrungen der Löwemondreise können dazu beitragen, diese Bewusstheit zu erlangen oder zur Mitte zurückführen, falls diese verlassen wird. Arbeite mit dem Symbol, das dein Herzensglück repräsentiert. Es wird dir den Weg zeigen.

Vesta

Gewissen, innere Moral, Heilwissen, Kritikfähigkeit, das analytische Erfassen, das psychologische Verständnis, Verpflichtung, Pflichtbewusstsein, die soziale Verantwortung.

Die Energie der Vesta zeigt sich im Alltag als Verantwortungs- und Pflichtgefühl. Sie wirkt in den alltäglichen Kleinigkeiten, in der Liebe zum Detail und der inneren Bereitschaft, mit der wir unsere Aufgaben erfüllen. Immer, wenn der Alltag einen Dienst von uns abverlangt, dann entfaltet sich ihre Energie. Mit dieser können wir unsere Umgebung hegen und pflegen und dafür sorgen, dass unsere Bemühungen Früchte tragen, nämlich mehr Harmonie und Gesundheit entsteht. Ich alleine bin verantwortlich für das, was mir geschieht. Mit diesem Wissen bevorzugt es die Vesta-Energie zu heilen und hilfreich anderen zur Seite zu stehen. Solche Heilungsprozesse können von den Bildern der Jungfraumondreise begleitet werden. Rufe dir das Ritual in Erinnerung und wiederhole es so oft du kannst im Alltag.

Venus

Ästhetik, Beziehungsfähigkeit, das harmonische Bewusstsein, das Künstlerische, die innere Anmut und Schönheit, der Austausch.

Die Venusenergie wirkt als harmonische Kraft im Alltag. Wenn wir Schönheit schaffen, ästhetische Formen entwickeln, uns den inneren Musen öffnen, dann strömt ein gutes Gefühl aus uns heraus. Dieses wirkt auf andere, auf die Umgebung, ja auf die ganze Welt ein, denn es stellt ständig Verbindung her, zwischen innen und außen. Diese Verbindung ist wichtig, denn ohne sie kommt nichts zustande. Um die Verbindung, die wir von uns zu unserem Partner und der Welt aufbauen zu verbessern, brauchen wir die Bilder aus der Waagemondreise. Immer, wenn die Verbindung schlecht erscheint, kann z.B. der Heilstein des Traumpartners eingesetzt werden. Ruf ihn dir in Erinnerung, wenn die Verbindung abzureißen droht oder verbessert werden könnte. Mit der Zeit verändert sich etwas!

Pluto

Transformation, Umwandlung, Sexualität, Triebhaftigkeit, Abhängigkeit, Macht, Todesbewusstsein, das instinktive Verhalten und Gespür, Zerstörung (von Fixierungen), das Loslassen, die (Ur-) Angst, das Krisenbewusstsein.

Die plutonische Energie wirkt sich im Alltag oft als Machtkampf aus. Im Positiven ist dies die Kraft, die zur Verwandlung führt. Wenn wir in unserer Entwicklung an den Punkt kommen, wo uns Verhaltensmuster klar sind, wir aber trotz allem das Gefühl haben zu stagnieren und im wahrsten Sinne des Wortes nicht mehr weiter wissen, dann ruft Pluto, die Energie der Unterwelt. Jetzt braucht es Mut und Vertrauen. Klare Entscheidungen, die das Wesentliche verändern können. Loslassen und springen. Mit der plutonischen Kraft kann man inmitten eines Orkans dessen Zentrum aufsuchen, sich in dieser Mitte konzentrieren und so zulassen, dass die Zerstörung ihren Verlauf nimmt. Das was zerstört wird, ist immer nur ein falsches Sicherheitssystem, das was sich meist unter Schmerzen befreit, ist der Wahrheit sehr nahe. Pluto räumt mit Selbsttäuschungen auf und verwandelt egoistische Motive in Motivationen des wahren Selbst – wenn man gelernt hat, nachzugeben. In allen Krisen kann mit den Bildern der Skorpionmondreise gearbeitet werden. Sie geben wichtige Hinweise auf verborgene Anteile der Persönlichkeit, die zur Verwandlung führen können, wenn sie integriert werden. Arbeite mit dem Symbol, das die Kraft im Zentrum deiner Angst repräsentiert. Suche es wiederholt im Körper auf, da, wo du es verwahrt hast. Erinnere dich immer wieder daran, wenn die tiefen Ängste auftauchen. Früher oder später wird sich die darin gebundene Kraft ausdrücken können, denn das Symbol verleiht ihr Stärke und deinem Bewusstsein Zugang zu ihr.

Jupiter

Wohlstand, Großzügigkeit, Führungskraft, das geistige Bewusstsein, das Lehren, Optimismus, Wachstumsfähigkeit, das philosophische Bewusstsein, Religion.

Die Energie des Jupiters trägt dazu bei, dass man über sich selbst hinaus wachsen kann. Immer wieder gibt es im Leben Situationen, die zu eng sind, in denen wir uns zu klein machen oder zu zurückhaltend reagieren. Jetzt ist die expansive Kraft Jupiters gefragt, die dazu beitragen möchte, dass sich Glück und Begeisterung in unser Leben mischen. Inneres Glück entsteht, wenn wir unserem Herzensweg mit allen Konsequenzen folgen und aus Liebe zur Sache uns selbst übertreffen. Dann springt der Funke auch auf andere über und sie folgen bereitwillig nach. Die Bilder der Schützemondreise können das Glück vermehren, wenn sie in den entsprechenden Situationen eingesetzt werden. Erinnere dich daran, was dein persönliches Glück ausmacht. Richte dir dein Leben so ein, dass genug Raum entsteht, um es erfüllen zu können.

Saturn

Klarheit, Strenge, Verantwortung, das Alleinsein, Realitätsbewusstsein, Selbstkritik, die Ausdauer, die Stütze und Struktur, der innere Vater.

Die saturnale Energie ist sehr stark mit den Glaubenssätzen unserer Eltern verbunden. Stetig muss man die Spreu vom Weizen trennen und diese auf ihre Gültigkeit überprüfen. Saturn stellt ein ausgeprägtes Wertesystem dar, das dem Leben einen Sinn zu geben scheint. Oftmals ist in diesem Wertesystem unsere Rolle festgelegt und begründet. Sobald ich diese Rolle klar erkenne, kann ich sie ändern. Vorher nicht. Werde dir über deinen eigenen Lebensplan bewusst. Rufe dir die Energie in Erinnerung, die dich in der Steinbockmondreise den Berg hinaufgetragen hat und das Gefühl im Diamanten, das sich einstellte, als du Verantwortung übernommen hast. So ist deine Energie, die dich die Wirklichkeit bewältigen lässt. Durch Saturn lernen wir klar zu erkennen, wo wir stehen. Wir können klare Entscheidungen treffen, um einen Weg einzuschlagen und bekommen dann Ausdauer und Beharrlichkeit verliehen, ihm auch zu folgen. Die saturnale Energie stellt jeden erst einmal auf sich selbst. Mit Eigenverantwortung lässt sich alles lösen. Rufe dir deine Bilder in Erinnerung und setze sie ein, wenn du wichtige Entscheidungen zu treffen hast oder die Welt gegen dich zu arbeiten scheint. Wahrscheinlich übersiehst du nur etwas Wichtiges.

Uranus

Gruppenbewusstsein, Spontaneität, Witz, Geistesblitz, das intuitive Empfangen, das Zeitgeistbewusstsein, die Idee, Improvisation, Freigeist, Revolution, der Raum.

Uranus öffnet den Zugang zu anderen Ebenen der Wirklichkeit. Wenn wir mit genügend Ausdauer bei der Sache waren, ist auch Raum für spontane Veränderungen. Die uranische Energie wirkt beschleunigend und führt in die Freiheit. Sie öffnet Türen, die verschlossen erscheinen können, wenn man bereit ist, zu springen und Neuland zu betreten. Uranus führt in die Gemeinschaft, in das Gruppenbewusstsein. Wir leben nicht für uns, sondern für alle, mit denen wir uns verbinden. Mit der uranischen Kraft lässt sich Teamgeist erfahren. Als Individuum bin ich Teil einer Gruppe. Damit ich mich da ganz einbringen kann, brauche ich Kenntnisse über mich selbst. Uranus unterstützt alle Prozesse, die aus der Bereitschaft entstehen, einem Gruppenprozess beizuwohnen. Mit allerlei Überraschungen sorgt er dann dafür, dass dies auch nicht langweilig wird. Erinnere dich an das Gruppenritual, das du ausgeführt hast. Nutze das Symbol, das dir hilft, eine neue Ebene zu betreten. Setzte es so lange ein, bis du eine Veränderung spürst.

Neptun

Hingabe, Empfänglichkeit, Eingebundensein, Selbstaufgabe, Sensibilität, Ahnung, Voraussehen, das spirituelle Erwachen, Traumbewusstsein, Einfühlungsvermögen.

Die neptunische Kraft ist der Alltag. Sie ist das Verborgene, das alles durchwirkt, und das, was erscheint. Sie ist der perfekte Spiegel für mein Bewusstsein. Das, was ich empfinde, nehme ich wahr, um mich wiederum darauf zu beziehen. Mit Neptun können wir uns hingeben – dem Leben, anderen, uns selbst. Wenn das Ego so weit ist, dem Selbst zu dienen, haben wir es geschafft. Dann ist aller Kampf müßig. Annehmen ist die Lektion von Neptun. Das Leben annehmen in all seiner Vielfältigkeit. Um dies zu lernen, leben wir. Vertrauen im Fluss. Festhalten lohnt sich nicht. Nutze die Reise zu den Delphinen immer öfter. Es ist möglich, seine Wahrnehmung zu schulen und umzuschulen. Verstärke die Wirkung des Bildes, das die Absicht des losgelassenen Gefühls in seiner Erfüllung zeigte, indem du täglich mit ihm arbeitest, bis du auch dieses loslassen kannst.

Nachwort

Fantasie, Intuition, Träume und Visualisationen und Visionen sind die weiblichen Bestandteile des Lebens. Sie sorgen dafür, dass der Alltag lebendig bleibt und die innere Entwicklung allmählich Einfluss auf das äußere Geschehen nehmen kann. Alles Erleben basiert auf einem gesunden Ausgleich der Kräfte. Es gibt Situationen, die man annehmen, verwandeln und verändern kann, sobald die inneren Blockaden gelöst sind. Bewusstheit unterscheidet sich von Verhaltensmustern dadurch, dass man klar die Vogelperspektive einnehmen und wählen kann, was am besten für alle ist. Diese Freiheit lässt sich erarbeiten, indem man lernt, Raum zu gewinnen. Der Raum entsteht durch Aufmerksamkeit, die sich auf die inneren Prozesse richtet und ihnen Bedeutung beimisst. Die innere Stimme ist sehr fein und leise und unterscheidet sich von den normalen Gedanken durch ihre Feinheit, mit der sie sich bemerkbar macht. Oft wird sie überhört oder nicht beachtet, und doch kann sie oft eine Situation in ihrer Gesamtheit erfassen. Mögen wir alle einen freien Zugang zu ihr und unserem höheren Selbst finden, um uns auf kreative Weise mit dem Zeitfluss und seinen Energien zu wandeln.

Buchempfehlungen

Paolo Crimaldi. Chiron, der innere Lehrer. Mössingen 2000.

Brigitte Herbst. Der Aszendent als Wegweiser. Tübingen 2001.

Ulla Janascheck. Transit-Tagebuch. Mössingen 2000.

Phyllis Krystal. Die inneren Fesseln sprengen – Arbeitsbuch. München 2000.

Tracy Marks. Dein verborgenes Selbst. – Mysterien des 12. Hauses. Hamburg 1991.

Marlo Morgan. Traumreisende. München 1998.

Petra Niehaus. Astrokalender Sternenlichter. Berlin (jährlich).

Petra Niehaus. Das Handbuch der astrologischen Biographiearbeit. Freiburg 1998.

Martin Siems. Dein Körper weiß die Antwort. Reinbek 1986.

Ilona Selke. Die Weisheit der Delphine. München 1999.

Jan Spiller. Astrologie und Seele. München 1999.

Zane B. Stein. Chiron. Mössingen 1986.

Erin Sullivan. Venus - Planet der Liebe und Sinnlichkeit. Mössingen 1998.

Hans-Hinrich Taeger. Astro-Energetik: München 1989.

Tenga Rinpoche. Übergang und Befreiung – Erklärungen zur Meditation im Bardo. Osterby 1996.

Ute York. Mondzeit. München 1999.

Lama Yeshe. Die grüne Tara. München 1998.

Über die Autorin

Ulla Janascheck, geboren: 5. Juni 1961. Sie war viele Jahre Mitarbeiterin beim Taeger Archiv und an der Herausgabe des *Internationalen Horoskoplexikons (IHL)* engagiert. Ausbildung zur Focusing Therapeutin und Aura Soma Beraterin. Ab 1993 Leitung von Selbsterfahrungsgruppen und astrologische Beratungen. Im Chiron Verlag erschien von ihr das *Transit Tagebuch* (2000). Ein weiteres Buch mit dem Titel *Göttin der Gezeiten – Die weibliche Kraft in Mond, Mythen und Märchen* ist in Vorbereitung.

Anschrift: Klosterstr. 10, 55270 Klein-Winternheim
e.mail: ulla.janascheck@gmx.de

ULLA JANASCHECK

Transit Tagebuch

96 Seiten, kartoniert, ISBN 3-925100-48-2

Durch Transite wird die Astrologie lebendig. Das Horoskop ist die Fotographie des Geburtsmomentes und gibt uns Aufschluss über die Bewusstseinsprägung. Mit Hilfe der Transite können wir erfahren, wie wir uns allmählich verändern. Durch das permanente Studium der Transite stellt sich ein Vertrauen in den Wandel ein. Dazu bietet dieses Buch eine wesentliche Hilfestellung. Der Nutzer kann alle ihm begegnenden wichtigen Planetenübergänge aufzeichnen und kommentieren. Er kann die Erlebnisse auf emotionaler, mentaler und spiritueller Ebene und die damit verbundenen Begegnungen festhalten. Man kann sich nicht nur gezielt Fragen stellen, in welchem Bereich man weiterkommen möchte, sondern auch sein eigenes Buch des Lebens schreiben.

„Eine tolle Idee! Nach einer kurzen Einleitung und Stichworten folgen tabellarische Seiten, auf denen Sie Ihre eigenen Erfahrungen während Transiten eintragen können. Durch die Niederschrift erhalten Sie Ihr eigenes Nachschlagewerk und lernen sehr viel über Astrologie im Allgemeinen und über Transite im Besonderen."

Symbolon

ERIN SULLIVAN

Jupiter

Die innere Weisheit fim Horoskop finden

160 Seiten, Broschur, ISBN 3-925100-50-4

Die Autorin vermittelt einen hervorragenden Einblick in die Mythologie Jupiters. Sie gibt praktische Anweisungen für die Betrachtung der Winkelverbindungen und für einen zeitgemäßen Umgang mit den Mythen. Jupiter, der klassische Wohltäter, kann aber auch die tyrannische Komponente im Horoskop repräsentieren. Seine Weisheit ist ein Ergebnis der Verinnerlichung der weiblichen Archetypen. Wenn wir die ursprüngliche Jupiter-Zeus Allegorie als Ausgangspunkt nehmen, dann ist Jupiter der Held in uns. Oft entsprechen die Jupiter-Regionen in unserem Horoskop (d.h. die eigentliche Jupiter-Platzierung, das 9. Haus und der Bereich des Schützen) jenem Lebensbereich, in dem wir die größte Autorität über Natur und Gesellschaft brauchen. In diesem Bereich ist es unsere Aufgabe, ein Gefühl des Wohlbefindens, der geistigen Sicherheit und vor allem innere Weisheit zu erlangen.

„Zudem schildert sie viele Beispiele aus der astrologischen Arbeit mit ihren Klienten. Auf der Suche nach Ihrem weg, Ihrem Glauben und Ihren Überzeigungen ist dieses Buch eine wertvolle Unterstützung. Auch für diejenigen, die im Moment wissen, wo es langgeht."

Astrologie

CLAUS D. STAHL

Vesta, das innere Feuer

Die zentrierende Kraft im Horoskop

112 Seiten, kartoniert, ISBN 3-925100-55-5

Vesta gibt uns durch ihre Position im Zeichen und Haus eine Antwort auf die Frage: Welche Kräfte und welche Bereiche in uns müssen besonders bewahrt werden, damit wir integer bei uns bleiben können und damit es nicht zur Entfremdung und Abspaltung kommt? Wo muss unsere persönliche Identität besonders geschützt werden, bzw. wo ist die Gefahr einer existentiellen Entfremdung am größten? Diese Kraft macht es uns also möglich, unser Erleben und Verhalten klar und prägnant auf uns selbst zu zentrieren. Wir spüren dann in uns eine klare Linie und eine stimmige innere 'Ordnung' in unserem Erleben und Handeln. Selbst wenn sich dann in dieser Situation Spannungen entwickeln, können wir in unserer Mitte bleiben und haben das sichere Gefühl, die Situation zu steuern. Bei VESTA geht es um die ursprüngliche Kraft, unser inneres Feuer zu erleben, zu bewahren und nach außen zu leben.

„Claus D. Stahl möchte mit den in diesem schmalen Band veröffentlichten Erkenntnissen die Bedeutung der Vesta einem breiteren Kreis von Interessierten zugänglich machen und eine fachliche Diskussion eröffnen.“

Meridian

Chiron Verlag

BRIGITTE HERBST

Der Aszendent als Wegweiser

Die persönliche Bestimmung im Horoskop entdecken

192 Seiten, 4 Abbildungen, kartoniert, ISBN 3-925100-54-7

Die Sonne – unser Wesenskern – ist der Held, der eine individuelle Aufgabe zu erfüllen hat gemäß der Sonnenstellung in Haus, Zeichen und Aspekten. Der Aszendent jedoch zeigt uns anhand seines jeweiligen Zeichens den Weg, wie wir dort hingelangen. Um dies überhaupt zu erkennen, müssen wir in der äußeren Welt viele Erfahrungen sammeln. Ein weiteres wichtiges Anliegen des Buches ist die Einführung in die Bilderwelt der Symbole und Mythen, denn sie helfen uns, größere Tiefe, inneren Reichtum und Bedeutung im Leben zu entdecken. Die Beschäftigung mit Mythen hat auch eine heilende Funktion für Körper, Geist und Seele.

Das aufsteigende Zeichen zeigt uns also unser Kernthema an, das wir entwickeln und mit der Sonne als Träger verbinden sollten. Dies ist unsere persönliche Lebensaufgabe, unsere persönliche Berufung, unser persönliches Ziel. Die Einbeziehung des Kernthemas unseres Aszendenten in unser eigenes Wertesystem hat nicht nur eine integrierende Wirkung auf die Sonne, sondern auf die ganze Persönlichkeit. Und wir werden - zumindest im Nachhinein - zweifelsohne erkennen, dass wir durch all diese „schicksalhaften" Erfahrungen gehen mussten.

CHIRON VERLAG

Ernst Ott

Der Deszendent

Das Tor zur Partnerschaft im Horoskop

250 Seiten, 38 Abb., Broschur, ISBN 3-925100-43-1

Der Deszendent ist der Westhorizont, an dem die Sonne untergeht. Gibt es ein schöneres Bild für die Liebe als einen romantischen Sonnenuntergang? Der Deszendent beschreibt die innere Bereitschaft zur Liebe, die innere Einstellung, die notwendige Ergänzung, den Wunsch nach Harmonie und Liebe. Er ist das Symbol für unser Partnerbild. Der Autor zeigt aber auch auf, dass mit der Himmelsrichtung Westen die Faszination der Macht verknüpft ist, denn der Ort der untergehenden Sonne weckt die Sehnsucht nach Neuem, die Lust zu erobern. Darüber hinaus spielt noch ein weiterer Aspekt eine Rolle: Am Deszendent stehen wir auch am Scheideweg, denn es stellt sich die Frage, ob und wieweit wir uns auf den Partner einlassen wollen. Der Autor kommt zu dem Schluss: Wenn Sie besser verstehen wollen, was Ihnen begegnet und wenn Sie mit mehr Zufriedenheit lieben wollen, so können Sie von Deszendenten Ihres Horoskops viel Wichtiges dazu erfahren.

„Das Buch ist liebevoll gemacht und interessant zu lesen, da der Autor zahlreiche Querverweise zu Tarot, Mythologie und Kunst berücksichtigt. Die Sensibilität und das Know-how seiner Ausführungen lassen erkennen, dass beim Autor - erfreulicherweise - ein ausgeprägtes eigenes Interesse an der Fragestellung vorliegt. Ein lesenswertes Buch."

Chiron Verlag

MELANIE REINHART

Die Mondknotenachse

Das innere Gleichgewicht im Horoskop

170 Seiten, 15 Abb., Broschur, ISBN 3-925100-41-5

Meistens wird der südliche Mondknoten als Vergangenheit im persönlichen wie auch im karmischen Sinne betrachtet und der Nordknoten als die Zukunft. Melanie Reinhart zeigt jedoch, daß dies nur eine eingeschränkte Sichtweise der Mondknotenachse bedeutet. In den Mondknoten tauschen sich die Prinzipien von Sonne, Mond und Erde aus. Die beiden Knoten ergänzen sich und schaffen so ein inneres Gleichgewicht. Die Autorin erläutert die astronomischen Zusammenhänge der Mondknoten. Sie untersucht den rückläufigen Zyklus und zeigt dessen Bedeutung als Weg zur inneren Balance. Gerade diese Sichtweise auf die Mondknoten als ein Faktor zum Ausgleich der Gegensätze zeichnet das Buch besonders aus. Anhand leicht nachvollziehbarer Fallstudien erhält der Leser Anleitungen zur Deutung der Mondknoten und gelangt zu einem erweiterten Verständnis dieser wichtigen Achse im Horoskop. Endlich ein Buch mit einer lebensnahen Auslegung der Mondknotenachse.

„Zugleich stellt sie aber die blinde Simplifizierung in Frage, die manche Deuter befällt, indem sie den südlichen oder absteigenden Mondknoten schlicht mit der karmischen Vergangenheit gleichsetzen. Denn die Mondknoten spiegeln in Wahrheit den Austausch der Prinzipien Sonne, Mond und Erde. Der Entwicklungsweg, den die Mondknoten aufzeigen ist somit eine Integrationsaufgabe.“

merCur